大—脑—减—压—的

子弹笔记法

黄钟毅 著

SPM 南方出版传媒
广东科技出版社 | 全国优秀出版社
·广 州·

图书在版编目（CIP）数据

大脑减压的子弹笔记法 / 黄钟毅著 . -- 广州 : 广东科技出版社 , 2020. 6

ISBN 978-7-5359-7434-1

Ⅰ . ①大… Ⅱ . ①黄… Ⅲ . ①任务管理－通俗读物 Ⅳ . ① C931.2-49

中国版本图书馆 CIP 数据核字 (2020) 第 039654 号

大脑减压的子弹笔记法
Danao Jianya De Zidan Bijifa

出 版 人：朱文清
责任编辑：高　玲　彭秀清
监　　制：黄　利　万　夏
特约编辑：张久越
营销支持：曹莉丽
版权支持：王秀荣
装帧设计：紫图装帧
责任校对：冯思婧
责任印制：吴华莲
出版发行：广东科技出版社
（广州市环市东路水荫路 11 号　邮政编码：510075）
销售热线：020-37592148 / 37607413
http : //www.gdstp.com.cn
E-mail : gdkjzbb@gdstp.com.cn（编务室）
经　　销：广东新华发行集团股份有限公司
印　　刷：艺堂印刷（天津）有限公司
规　　格：880 mm × 1 230 mm　1/32　印张 7　字数 120 千
版　　次：2020 年 6 月第 1 版
2020 年 6 月第 1 次印刷
定　　价：49.90 元

我如何架构出这套时间管理系统？

三年前，在我的时间管理——子弹笔记术课程中，我尝试从各种时间管理的难题入手，跟学员一起实践本书中的这套时间管理系统。

学员的课后心得体会中都包含着“不可思议”“惊喜连连”这类形容词，很多人问我：“你花了多少时间研究出这样一套思考透彻、架构严谨、高效实用的时间管理系统呢？”

我这样答道：“我需要花一生的时间来架构这样的系统。”

这绝不是夸张的说法，也不是说实践这套系统需要花很多时间。我们总是想提高自己的效率，希望自己不断地去完成更有价值的事情。从这个角度来说，任何方法都应该是不断调整、不断改变、不断成长的。

所以说，我需要花一生的时间来架构这个系统。我时刻都在思考有没有可以改善的地方，时刻都在追求让时间管理变得更高效的方法。但我知道永远没有完美的一天。

这也是时间管理最有趣的部分——你会希望自己做得越来越好！

但是，如果你选择了不合适的时间管理方法，反而会让自己陷入行动的焦虑中，陷入做不完事情的烦恼中，也会让自己面临更大的压力。其实，时间管理不应该是这样的！

改变应该是有趣的，成长应该是能够带来成就感的，方法应该是符合人性的。

在写作这本书时，我汲取了很多优秀的时间管理方法，最早可以追溯到 GTD（Getting Things Done 的缩写，意思是把事情处理完）的时间管理理论，最近又参考了近几年流行的子弹笔记方法，使书中介绍的方法更加有效。这是一套我亲身实践的、不断优化的时间管理系统的方法。

本书中的内容主要是我的创造过程和体会，希望能帮助大家建立一个真正能够付诸实践、使大家有所改变的时间管理系统。我把这个系统架构在我最爱用的“印象笔记”中。

本书前面两章介绍了架构这套时间管理系统的理论，你可以应用在任何工具上。后面六章我会结合印象笔记的功能，教你如何一步一步把这个系统在工具上面架构起来。相信你一定可以从这样的方法中，提取你想要的部分，套用到不同的时间管理工具上。

我希望本书能够帮助大家真正从头到尾地架构出一套可操作、可实践，并且真正可以帮你完成计划的任务管理系统。

希望本书可以给大家带来有效的帮助！

作者：黄钟毅

个人网址：https://www.playpccsor.com/

目录　Content

第一章

如何让时间管理真正有效？

1-1 尝试过各种时间管理方法最后都无效？

在本书开始，让我们回想一下，自己有没有发生过类似下面的情况。

工作非常杂乱，同时在推进许多重要又困难的项目，你常常分身乏术，顾此失彼。而工作上还会频频出现意外情况，在自己最忙碌的时候，往往会临时接到主管、客户交代的重要且紧急的任务。

忙碌的工作占据每天大部分时间，那些个人兴趣、照顾好家庭的想法，只能被搁置一旁。虽然我们常常感叹时间不够用，但却无法解决这个问题。

在工作与生活的双重压力下，我们陷入一个恶性循环，面对任何项目都觉得压力山大。当出现新任务时，只想逃避、排斥，找不到人生的动力，自己无法掌控时间，也没有成为自己想要的样子。

好了，让我们先放下这些烦恼，回想一下，你有没有尝试解决这个问题呢?

我想大多数人都会给出肯定的回答。其实我们都想过解决这个问题，我们并不想向现状屈服，也不想一直怨天尤人，每个人都想改变。

但为什么自己尝试过很多时间管理方法，最终还是回到了原本杂乱、高压、拖延与缺乏成就感的状态呢?

为什么会这样?因为要让时间管理真正有效，不能只是依靠方法、个性、想法，而是需要依靠一套系统来改变。

我们太想依靠自己解决问题

举个例子，如果今天我想去海边浮潜，但我不擅长游泳。我要用自己蹩脚的泳技，拼命去挑战浮潜吗？这样不仅失败率高，而且还存在安全问题。

还是等我把游泳练好后，再去享受浮潜的乐趣？那将是什么时候呢？这就像等退休后再去享受旅行，等工作不忙时再陪伴孩子，实现目标的那一天遥遥无期，等到真正有时间了，或许也没有那么强烈的意愿了。

当我们觉得自己技能不足或时间不够，无法享受浮潜的乐趣时，却不知道简单的方法就在我们身边。

简单的方法是什么呢？就是浮潜不一定要依靠游泳技巧，甚至不一定要会游泳，只要有教练教你整套操作、应变的流程，然后穿戴好浮潜设备，按照指示一步一步地进行，就能在浮潜中欣赏美丽的海底世界。

当然，游泳高手可能会享受更高阶的乐趣，但一般人完全可以依靠一个“支援系统”实现浮潜的愿望。说不定当你真正体会到浮潜的乐趣，你更想努力提升游泳技能。

时间管理，也是同样的道理。

我们不能依靠自己的天性与能力来解决问题，那样容易失控，恢复原本的状态，也常常缓不济急。

我们需要的是一套管理时间的“支援系统”，让任何人都能获得时间管理带来的高效率、成就感，以及不可思议的乐趣。

即使缺乏意志力和兴趣的人，也可以依靠支援系统，让自己有效地管理时间，甚至依靠系统，进一步激发内在的潜能和热情。

我们太想依赖“工具”“技巧”解决问题

什么是一套支援系统呢？我再举个例子。

新的一年，总是从一个完美的计划开始，我们在空白笔记本上写得井井有条，对自己满怀期待，但很快就陷入了杂乱的状态，开始了“哪里有问题就去补漏”的状态，那些新年的愿望、目标，早就被抛到九霄云外。

子弹笔记刚流行时，有个朋友实践了一段时间，他跑来跟我说：“这个方法没用！”我问：“子弹笔记风靡全球，怎么会没用呢？”

朋友是这样做的，他按照子弹笔记的方法，首先列出漂亮的行动清单、设计了精美的行事日历页面，开始时跃跃欲试，信心满满。但没过多久，就像他曾使用的时间管理工具方法一样，他的行动清单慢慢变成一大堆做不到、没办法打钩、永远被拖延到第二天的待办事项。

不管子弹符号做得多么漂亮，行事日历画得多么精美，逐渐累积的待办事项，让他再也不想打开这份待办清单，甚至看到就痛苦。这样又累积了大量不可控的事项，最后他宣布子弹笔记的方法无效！

子弹笔记真的无效吗？

如果深入研究子弹笔记的方法，就会发现它真正的核心并非是列出子弹符号，也不是写出漂亮的行动清单。重点在于，子弹笔记是让我们用目录和索引来管理任务与任务之间的联系，拆解重要的目标项目，通过这套系统聚焦重要的事情，让每件事情都处于笔记本中最适合的位置。最后，我们才知道如何在行动清单上有效地规划出一颗颗子弹。

你是否完整地实践过子弹笔记中的每个关键环节呢？是否参考它的流程，改造适合自己的工作流程呢？还是只采用了它写行动清单的技巧，或是画符号的技巧，而跳过了更关键的支援环节呢？

子弹笔记被许多人认为有效，关键在于它不是一个单一的方法，而是一套帮助思考的系统。它如何有效地发挥作用？如何更好地做出选择？怎么让自己拥有专注力？怎样拆解任务让自己更有行动力？如何安排自己的日程？怎样在混乱的事务中理清方向？只有将每个环节搭配起来，本质的问题才能得到解决。

如果我们只实践看起来特别吸睛的技巧，没有应用背后真正的“支援系统”，时间管理最终会回到混乱的状态。这也是为什么我们不断尝试新奇的工具来改变自己的时间管理，结果却依然混乱的原因。

其实不是子弹笔记无效，也不是工具无效，而是我们只操作了功能，没有建立背后真正发挥效用的“支援系统”。

看到书法名家用一支好笔写出漂亮的书法，就误以为只要拥有好笔就能写出好书法。看到摄影大师用某款相机拍出漂亮的照片，就夸赞相机选的好。可是，难道只要拥有那台相机，就能拍出好照片吗?

当然，好笔、相机等工具和一些技巧确实对取得好成果有一定的帮助。但真正能够帮我们获得最有价值成果的，还是背后的支援系统。可能是书法名家书写文字的每个步骤，可能是摄影大师构图取景的流程，也可能是时间管理高手如何整理任务、拆解任务、建立目标、排定优先顺序的一个完整的系统。

100% 的系统，并非只是解决眼前的问题

知名时间管理方法 GTD 的创立者戴维 • 艾伦（David

Allen）曾说过，如果不是 100% 使用 GTD 系统，那不如不用。因为这样反而会让人更混乱，带来更大的压力。

GTD 要求使用者彻底清空大脑，把大脑中所有的事项放入统一的管理系统中，并且做好项目分类、目标设定、行动拆解。

如果我们没有彻底实践这个系统，将一部分行动记录在清单上，一部分行动留在脑袋中，甚至还有很多行动散落在邮件、即时通讯软件、笔记本里。其中一部分任务还没有做好分类，很多目标还没有被拆解。面对如此混乱而缺乏系统的流程，只是单纯地依靠意志力或聪明才智进行时间管理，想不回到混乱状态都很难!

“日本整理女王”近藤麻理惠女士，著有《怦然心动的人生整理魔法》，她也说过类似的话：只要彻底完成一次整理，就很难恢复到混乱的状态。然而，大多数人从来没有完成过一次彻底的整理。

我们的整理，常常只是解决眼前的问题，头痛医头、脚痛医脚，只是把眼前的杂乱整理清楚，例如看到书桌乱，就把桌上的东西整理到抽屉里，当时看起来干净了，但是这些东西真的都应该放在抽屉里吗？有些修理工具是不是应该统一放到工具箱里？有些用完的笔记本是不是应该分类整理？

如果只是整理眼前的东西，当新的物品出现后，由于缺乏系统的规划，没有设定好物品应该摆放的位置，就会继续累积多余的物品，使桌面逐渐变得杂乱，最后只好在混乱中重新整理，如此反复。

如果我们提前建立一套系统，就可以在很大程度上避免恢复混乱。

不要看到床上有点乱，就把床上的衣服收进衣柜；看到衣柜有点乱，就把衣服收纳整齐。这些只是解决眼前的问题，并非建立一套系统。

那如何建立一套系统呢？根据近藤麻理惠的家居整理方法，就是把所有东西都拿出来，一个一个决定它们的去留，丢掉不需要的物品，分别为留下的物品选择一个固定的位置。例如，把家里所有的衣服拿出来，丢掉不要的衣服，然后根据分类设定好每种衣服的位置，这样就建立了一个衣服整理系统。

只要进行一次这样彻底的整理，当我们想买新衣服时，就可以通过系统知道自己是否需要这件衣服，如果买了应该摆放在哪个固定的位置。即使偶尔乱放一件衣服，也很快意识到这件衣服应该摆放到哪个位置上去。另外，还可以明确地知道自己工作、约会、出游时有哪些衣服可以选择，自己喜爱哪些衣服，以及这些衣服放在哪里。

这都是因为建立了系统，并且是一个 100% 彻底的系统，才使各种杂乱的问题迎刃而解。无论是家居整理，还是时间管理，都是一样的道理。

回到我们最初的问题：为什么尝试的各种时间管理方法都无效呢？

因为这不是方法的问题，也不是人的性格问题，而是我们没有提前建立系统。

没有提前建立系统是我们尝试各种时间管理方法都无效的根本原因。

1-2 建立系统，看似困难，其实很简单

如果一定要建立系统才能有效地进行时间管理，那是不是很难做到呢?

当然，要建立系统就不是只列出行动清单那么简单。系统之间环环相扣，系统本身就是一个首尾相连的流程，先把第一步做好，然后逐步推进，完成整个系统的流程，实现最终的成果。

换句话说，做好第一步，自然而然地更容易进行到下一步，然后越来越容易，最终真正落实到行动上，实现最初的目标。

以为是捷径，其实是陷阱

建立系统看似走多了一步，其实这才是达成目标最有效的方法。

如果我们没有建立系统，直接去执行系统中的某一步，由于缺乏前面步骤的支援，要做好这一步反而更难、更花时间。就算好不容易做好这一步，也缺乏继续实现最终成果的资源和行动。

例如，想要养成早起的习惯，直接设定一个闹钟，每天早上六点起床。如果这样做，结果会怎么样呢？

当每天早上六点闹钟响起后，我们可能觉得没睡够，忍不住按掉闹钟继续赖床，然后陷入每天设定闹钟、闹钟响后按掉、自己后悔又赖床的恶性循环中。

你会发现，跳着去做其中一步取得的效果并不理想！

为什么会这样呢？因为只有行动与行动之间彼此关联，才构成一个能够达成任务、目标的流程。

以早起为例，设定早起闹钟只是整个流程的一个行动。

从整个系统来看，早起的前提是需要一个保证充足睡眠的支援系统，早起后需要一个有趣的目标支援系统。所以想要养成早起的习惯，只是设定一个早起闹钟，当然容易失败。

那应该怎么做呢？我们必须建立想要的任务管理系统。为了保证充足睡眠，需要提前入睡；为了提前入睡，需要布置良好的卧室环境，调整自己的工作安排流程。为了在闹钟响后有起床的动力，要提前设定早晨的活动目标，比如晨跑、做早餐，所以在前一天晚上需要提前准备好跑步器材、早餐食材。为了提前入睡，我们要安排好工作流程，减少加班，更有效率地完成工作。

你有没有发现，任何真正的改变，即便只是早起，都关系到整个生活的改变，也就是系统的改变。

只有系统的改变才是真正意义上的改变，系统的改变才能带来真正的价值。

系统的改变虽然困难，但也最容易达到目标

进行系统的改变可能要多花一些时间，并不是说这件事情很难做到，而是我们需要实践一段时间来慢慢养成习惯。

建立系统，其实就是改变自己的习惯流程，当习惯流程改变了，我们想要的改变才会发生。

改变习惯并非我们想象的那样困难。所谓习惯，就是只要我们想做，立刻就可以做到的事情。因为习惯只是流程的改变、步骤的改变，不是要我们重新学习自己原本不会的事情，而做的内容依旧是自己原本会做的，只是改变顺序，或是加入几个步骤即可。所以改变习惯的困难，不在于行动，而是心态、观念的转变。

我们前面提到过，当误以为是自己的心态、价值观无法改变时，往往真正的问题是我们以为要依靠心态、价值观的转变才能实施改变。其实只要改变系统、流程与步骤即可。

改变习惯不一定需要顽强的意志力，而是应该明确习惯循环中的每一个步骤，重新调整系统，设定好新系统的流程、步骤，拆解出简单易行的下一步行动，然后通过上一个

步骤推动下一个步骤，让整个系统运转起来。

我们觉得改变习惯很难，是因为我们只改变了其中某个步骤，如果改变整个习惯系统，养成好习惯会变得更简单。

当开始推进这个行动系统时，习惯就会逐步建立，实践一段时间后，系统会更加稳固。

当系统建立后，人偶尔也会出现意志力薄弱、失去动力、感到焦虑等，工作中的突发情况、繁琐的事情依然层出不穷，但只要我们建立好系统，并遵守系统原则做事，就像被整理好的衣橱更容易找到相应衣服的位置，充足的睡眠更利于我们起床。虽然不能保证 100% 实现目标，但可以帮助我们回到完成目标的道路上，继续向前推进。

1-3 子弹任务系统想要达成的三个目标

做任何事情之前，我们先要明确自己想要达成的具体目标。这也是建立系统首要的一部分。系统中的每一步行动、每一个环节，都朝着一个或几个设定的目标推进，通过系统的力量实现最终的价值。

所以，无论做什么事情，第一步，我们应该先设定好自己想要达成的目标。

那么，我架构这套任务管理系统想要达成什么目标呢?我有三个想要达成的目标。

- 第一个目标：我希望能够建立一套帮助大脑减压的系统。

- 第二个目标：我希望建立一个只需要专注下一步行动的系统。
- 第三个目标：我希望建立一个聚焦目标前进的系统。

建立一个可以让大脑减压的系统

GTD 的时间管理系统的第一步，就是清空我们的大脑。

在工作和生活中，有很多杂乱的任务，每个任务又有很多琐碎的行动。如果只是依靠大脑管理这些杂事，难免会陷入新的混乱中，因为大脑很擅长做决策，却不擅长整理庞大复杂的记忆。

正如前面所说，我们很少想过可以依靠系统，误以为只能依靠自己。

我们把杂事放进大脑里记忆、管理，结果大脑常常漏掉某些关键的细节，做事常常搞错顺序，于是产生更多的混乱，进而引发焦虑和压力，我们感觉工作永远忙不完，总是在面对一个又一个难题。

造成这种混乱的根源在于我们没有使用一个系统进行管理，没有利用系统帮助我们把大脑里的混乱重新整理到不再混乱的地方。

把混乱引发的压力交给大脑，但大脑无法从混乱状态理清思路，压力反而越来越大，最终导致工作上麻烦不断、失去动力，目标无法如期完成！

我们应该把大脑中的烦恼、杂事、压力放入系统中，不要留在大脑里，就像前面所说的100%彻底的系统。不要只是把重要的事情列在待办清单上，以为有些小事、杂事通过大脑就可以管理好。千万不要这样做，也不要这样想！因为这样会再次陷入遗忘、搞错、混乱的循环中，我们必须彻底地执行系统的流程，建立真正为大脑减压的系统。

所有从大脑整理出来的内容，这个系统都可以承载：要做哪些事？需要哪些资料？细节是什么？我的想法是什么？

这是我想建立的时间管理系统的第一个价值目标，利用系统帮助大脑减压。

建立可以专注下一步行动的系统

系统里的每一步行动环环相扣，系统的价值其实也是环环相扣的。

由于工作混乱、意外频发、项目变动，不断累积着许多待办的杂事，这样即便做好了整理，那些还没做的事，依然还没做。面对这种状况，我们真的有办法让时间管理达到专注、快乐、有动力又轻松的效果吗？

我们常常误以为时间管理是把所有的事情一次性全都做完。以为把所有的事情全部做完，我们才会感到满足、快乐、轻松、没有压力，事实上并非如此。

当你完全无事可做的时候，你真的感觉自己是轻松而没有压力的吗？

仔细想想，这时候你反而会感到空虚，更加缺乏动力，不知道自己应该采取什么行动，不知道接下来可以创造什么价值。所以，把所有的事情都做完，不是真正有效的无压力状态。

什么是真正有效的无压力状态呢？并不是完全不需要再做任何事情，而是明确地知道自己现在应该做什么事情、应该优先开展什么行动。

当处于无压力状态，即使有很多没有完成的事情，又出现了很多计划之外的杂事，我们依然可以保持专注，而专注会让人感到自在与满足，帮助我们真正推进任务。

最重要的是，我们不需要担心其他事情，因为它们已经处于系统中，并且系统可以做出筛选，让我们知道自己当下最佳的行动是什么。对下一步行动有明确的认知，才有勇气选择最佳的行动，而执行最佳行动的过程，才是感到快乐的真正来源。

此时此刻，我们知道自己正在执行一个最需要做的行动，知道这个行动可以创造什么成果，并且知道这是我们当下最好的选择。其实只要能明确这件事，那就是一个有效的时间管理系统。

关键在于我们可以依赖系统的流程，帮助我们在每一个当下，都能轻松地筛选出最佳的下一步行动，而不是等到时间到了，不得不从混乱的头脑中挑选出下一步行动，或是从杂乱的工作清单里挑选行动。我们要让系统帮助我们做出最佳选择。

这个系统可以层层过滤各种杂事，在每一个当下帮我们自动筛选出最佳的下一步行动。

我们架构的这个系统，就像建立一套自动化的生产流程，我们构思好它的逻辑，建构出生产线，把事务放进里面不断加工，直到我们需要的产品生产出来，也就是当下最佳的下一步行动。

选择当下最佳的下一步行动，能让我们获得时间管理的快乐。

这是我希望时间管理系统达成的第二个价值目标——利用系统找到每一刻专注的下一步行动。

建立一个可以聚焦创造价值的系统

我们在时间管理上所做的努力，常常是强迫自己工作。

我们以为自己不懂时间管理，所以强迫自己进行时间管理；我们以为自己没有效率，所以就逼自己花最少的时间做更多的事情。然而通过强迫自己，我们并没有产生真正的意志力，也没有激发出内心的热情。事实上，逼迫自己的行为并没有激发更高的生产力，反而带来更多的懊悔和自责。

真正有效的时间管理，不需要你成为一个有超能力的超级英雄，而是在背后建立一个有效的支援系统，帮助我们持续地专注在某个重要的项目上。

利用这个系统让我们处于生产、创造的状态，帮助自己逐步累积成果、创造成就。

虽然我缺乏意志力，但我不需要依靠自己。建立一个时间管理系统，在我不想做事情的时候，可以帮助我采取一些简单有效的行动；在我想要拖延的时候，可以帮助我创造一些小成果。这些小成果，逐步建构起我的信心，把困难的项目慢慢变得简单，把不可能实现的目标慢慢地朝着被实现的方向推进。

虽然我们对大多数事情都缺乏热情，但是我们不需要有天生的热情，我们需要的是一个支援系统，这个系统能让我们在行动的时候，感受到做选择的快乐；让我们在做很多尝试的时候，享受改变、成长的满足感。

你不必成为一个对某件事情狂热、执着、热情的人，但你依然可以做好这件事。

我需要的只是通过系统，让我愿意开始采取行动、练习小的改变，帮助我成为一个不断成长、不断前进的人。

这是我建立的系统要达成的第三个价值目标：利用系统，让自己对人生充满热情，主动尝试做出一些改变。

快、狠、准的任务管理系统

赖德·卡罗尔发明的子弹笔记法，可以用“快、狠、准”来概括其效果。

我参考了子弹笔记术、GTD等时间管理方法，并经过我多年实践、改造，然后将方法运用到印象笔记中，最终成为本书为大家介绍的系统架构。

前面提到系统带来的“快、狠、准”三个好处，具体效果总结为：

快，就是让大脑减压，让系统帮助自己更快地完成工作。

狠，就是专注下一步行动，勇敢地做出最佳选择，创造快乐。

准，就是聚焦在创造价值，把有限的精力、时间精准地投资在最具价值的成果上。

这个系统就像子弹一样，可以帮助我们完成战略，击中目标，最终赢得胜利。

请你为自己的时间管理系统，设定好最终的价值

你也可以为自己想建立的时间管理系统，设定好要追求的目标与价值。

你可以参考我的思考逻辑进行设定，然后追求你真正想要达成的目标。

建立系统至关重要，其流程步骤将是我在本书中跟大家分享的核心内容。由于我们设定的目标不同，同样的步骤有可能打造出不同的系统。不过没关系，因为对你来说那是最易于操作、最能创造成果的时间管理系统。

所以，第一步你应该先问问自己：

你希望时间管理系统为自己带来什么价值?

第二章

建立什么样的任务管理系统？

2-1 以少驭多，建立你能够驾驭的系统

经过前面的步骤，我们已设定好想建构系统的最终目标。

接下来，我们根据这些目标设计这个系统应该具备的功能。最后将这些功能一一实现，打造出一套流程，这套流程就是我们要建构的任务管理系统。

接下来，我们思考一下，自己的时间管理系统需要具体解决哪些问题？它正确的流程是什么，应该具备哪些功能？

这个流程，其实也是我们在实现各种目标、项目或有价值的任务时，应该遵循的顺序。

我们不应该埋首于一大堆杂乱的事情中苦干，这样虽然可能解决一些问题，但会花费许多时间、精力，甚至有可能走错方向，最后却一事无成，感觉自己在瞎忙。

以下顺序非常重要：

- 第一步，先设定好自己想达成的目标。
- 第二步，根据目标，设定我们需要的功能，或是需要完成哪些阶段性任务。
- 第三步，开始安排我们的行动，逐步实现这些功能、目标。

这样一来，我们就不会陷入混乱中，就可以取得我们想要的成果。即使遭遇什么重大意外而失败，起码我们会明确知道自己做了什么，是怎样失败的。

为什么待办清单最后总是失效?

设计这个子弹任务管理系统，我们第一个要打造的功能是什么呢?

我的设定是，一个可以“以少驭多、以简驭繁”的系统。

什么是以少驭多呢?我们先看看一般的待办清单可能面临什么问题，才最终导致其变成一个杂乱、失败、做不到的清单呢?

我们平常可能会这样做：整理待办清单时，把日常随时出现的、需要完成的事项，一一列在待办清单上。

这正是问题所在!

什么?!可能你想说难道不是这样吗?待办清单不就是把准备要做的事情全部写上去吗?这样的做法有什么问题呢?不是说要清空大脑，列清单不就是在清空大脑，把所有杂事都写到待办清单上呀?

这样做的问题在于，我们还是停留在管理工作或生活中杂事不断出现的状态。在一件一件杂事上做管理，在混乱的状态中做管理，杂乱依然存在，怎样才能进入高效的状态呢？

把所有杂事都列到待办清单上，无论列得多整齐，只要新的杂事出现，待办清单很快就会回到混乱的状态。

就像居家整理时，只是把书桌上散落的文具、文档、杂物全部塞进抽屉里，把丢在床上的衣服全部塞进衣柜里，当下看起来恢复整齐了。实际上，我们只是把一堆杂乱无章的垃圾，原封不动地摆到另一个暂时看不到的地方而已。

杂乱还是杂乱，垃圾还是垃圾，整理仍旧缺乏系统。

于是，书桌、卧室很快在一两天后恢复杂乱，要用的文具找不到，新加入的文件继续堆积在书桌上。由于缺乏一个简单固定的摆放位置，每天回家之后脱下来的衣服，继续扔在床上、椅子上，房间很快恢复杂乱的状态。我们感觉自己一直在做整理，但整理永远只是当下有效果，很快就会恢复杂乱状态。

这不是整理的问题，原因在于我们只是在整理杂物，而不是在整理系统。

这也是在时间管理过程中，单纯地列出待办清单会出现的问题。我们做到了把杂事移出大脑，但没有提前建立系统安排这些杂事，判断这些杂事应该放在什么位置。于是，一堆杂事只是从混乱的大脑中，原封不动地移到清单上，依然是混乱的状态。

虽然这样可以减轻一些大脑的压力，但不是真正为大脑减压的目标。

这样的做法只会让我们在面对待办清单时，依然感觉充满压力，感到混乱和焦虑，就像整理书桌一样，当新的事情发生，待办清单很快就会进入杂乱的状态。

优先管理项目，而非陷入清单中

仔细回想一下，这是不是我们在时间管理中常常遇到的问题？

我们需要建立的是一套以少驭多的系统，而不是在一堆混乱的杂事上行动，我们应该把它们归结、关联、聚焦到最终的项目目标上进行整理。

如果杂事有一百件，经过整理后，可能它们关联到的只有三个项目目标。

在系统中把这个脉络梳理清楚，最终我们只要掌握并管理三个项目目标，那么与它们关联的那一百件杂事，自然也就容易管理了。

这样的管理系统，会让你变得更加轻松、更加专注，同时也更加高效。

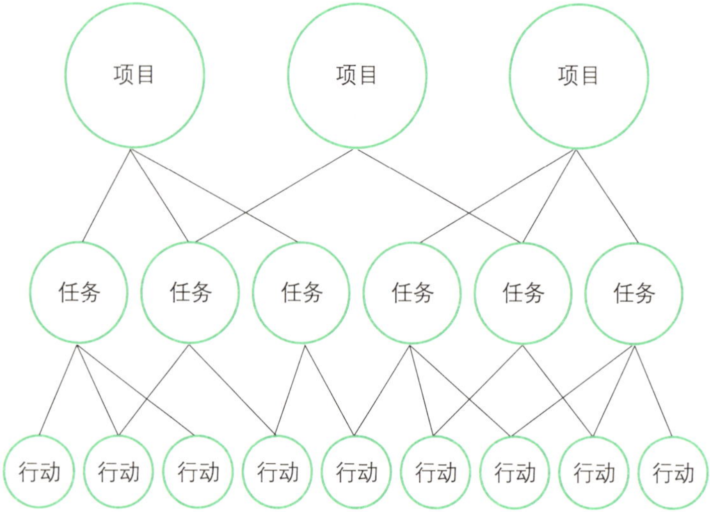

在数量更少的项目上，管理数量庞大的任务与行动。

行动可以归纳成任务，任务又能逐步归纳聚焦在几个项目目标上。

不要在行动清单中迷失。

案例：一个以少驭多的系统

分享一个我真实的故事。某个月，我和妻子计划要月中搬家，月底出境自由行，我们都是上班族，还有许多工作上的事情要处理。那段时间我们都很焦虑，因为每天都有忙不完的事情，以及不断出现的新任务。

如果仅是任由事情不断跑出来，那任务清单面对的是一件件杂事，这些杂事之间有些是相关联的，有些是不相关的，有些有前后顺序，有些没有前后顺序，轻重缓急程度也不同。

由于它们原本的状态是混乱的，所以我们无法做出最正确、最高效的选择，甚至根本无法做出判断。

于是我们选择在一个周末，一起把这个月必须解决的最重要项目列出来，对我们来说共同的必要项目是：搬家、自由行。我们也有各自工作上的必要项目，比如一个课程，或是一个产品开发。

确定好项目后，我们把目前累积的所有待办事项，先排入项目当中，而不是排列行动清单。

- 这件事情是搬家、自由行，还是产品研发项目呢?
- 然后把相关的事放在一起，梳理清楚前后顺序。
- 如果有些事情不在这些主要项目中，那就是可以稍缓的次要的事情。
- 最后根据这个月剩余的有限时间，决定应该优先实现主要项目中的哪些重要事情。

经过这样的归纳，我们明确知道需要聚焦在哪几个少数项目上，少数项目中又有哪些步骤是一定要完成的，哪些是可以舍弃的。最后，我们顺利地完成了搬家、旅行项目，也各自完成了工作上的重要项目。

其实，这是一个很简单的步骤，回想我们原本的时间管理，很可能忽略这步。

我们以为事情不断跑出来，多到做不完，赶快有什么做什么，哪还有时间从项目开始整理呢？这就像我在第一章所说的，以为建立系统很麻烦，事实上这才是真正有效的捷径。

如果我们只是拼命把所有事情都列入待办清单中，那么有很多步骤可能是重复的，我们就会多花许多时间做重复的工作。很多事情可能有先后次序，由于忘了先做某个步骤导致后面卡住，我们可能不知道哪些步骤是必须要做的，哪些步骤是可以延后的。

因为我们无法在底层的待办清单上做判断，而要站在“项目目标”的高度上进行判断。

把杂事逐一归纳到项目上，看起来花费时间，但当系统建立完成，按照系统的流程执行时，最终会为我们节省更多时间。

我们还可以搭配一些工具和方法，把杂事归类，变成一个相对轻松、节省时间的步骤，这就是我们对子弹任务管理系统的第一个功能的要求。

一个以少驭多的项目管理系统，需要具备以下功能：

- 可以快速收集各种要做的事。
- 可以建立一套整理系统，把事情慢慢过滤、分类到项目上。
- 可以从项目的视野，管理所有杂事。

2-2 行动关联、任务拆解、项目整合的系统

要建立一个以少驭多的项目管理系统，我会区分行动、任务、项目三个层级。不同层级有各自的特性，也有它们必须要解决的问题。

行动：一种行动往往与其他行动相关联

只列出待办清单，最容易出现的问题是行动不是单一的，往往与其他行动相关联。

如果一个行动只需要做一次，完成后与其他行动不相关，那通常是不重要的行动。

什么是只做一次的行动呢？例如，开会时要打印一份资料，过节时给客户寄礼品，或者是下班回家记得买菜。这些行动只做一次，然后就完成了，被我们删掉了。这样划掉就结束的行动，可能一天累计完成了很多，却不会提升我们的幸福感。我们觉得自己好像做了很多事情，但依然感觉没有收获。

行动完成就划掉，背后没有关联到其他行动，这就是一次单一的行动。这种行动完成后，无法在未来继续为我们延伸出更多的价值，或是慢慢累积成为某个更大的成果。那么，这种行动应该少做为好。这就是为什么我们常常觉得自己瞎忙，因为总是在做单一的行动。

而大多数行动我们误以为它们是单一的，好像做完就结束了，真的是这样吗？还是说它们和其他事情是相关联的，只是我们没有发现行动与行动之间的关联性，导致所做的事情都是单一的？

其实，大多数行动都是有所关联的，只是我们没有统一处理它们，导致行动的价值、效率降低。这也是时间管理系统必须解决的问题，也就是帮助行动之间建立关联。

有时候一个行动明明和其他行动有关联，由于我们没有串联起它们，于是导致一团混乱。例如，打印开会需要的资料，看起来像是单一的行动，说不定我是这次会议的主持人，需要打印准备好的会议议程，我希望议程清楚明确，让会议更顺畅地进行。或者我是这次会议的报告人，我想在打印的报告上花一些巧思，让主管、同事或是客户对我印象深刻。

这时候你会发现“打印开会资料”不再是单一一次的行动，而是和其他行动相关，并且这些行动有先后次序，同时还关联到一个重要的目标。我必须先把这些想清楚，那么“打印开会资料”这个行动才能帮我创造更大的价值。

如果打印会议报告这个行动，背后的目标跟我想要在客户、主管面前留下好印象相关，那么，单独针对打印资料这件事情，我是不是可以这样思考：

怎样把报告打印得更美观？需不需要找专业打印店？需要加个封面吗？用什么纸张和字体看起来最舒服？

经过这样的思考，当我们尝试把不经意的单一行动跟其他行动相关联，找到这些行动背后的目标，我们就会把这个行动做得更好，并且使这个行动真正创造成果，并非只是完成就好。

在某一次子弹笔记课程结束后，有位同学主动给我寄来反馈信。他上完课回去思考自己“每天下班都要买菜”这个行动，他一直把它当成一件很麻烦的琐事，这个行动背后有没有关联到更有价值的行动呢？

把很多行动关联在一起，让这些原本看似平淡、无聊、琐碎的事情，串联出一个对自己有价值的目标，这有可能吗？当他这样思考后，既然每天都必须买菜，那么与其平淡无奇地买菜，不如帮自己设定一个目标，这个目标就叫作“帮助家人品尝健康又美味的晚餐”。

于是，买菜这个单一的行动开始与更有价值的目标关联，进而延伸出更多有意义的行动。比如，哪些食材营养又新鲜？怎样可以把这些食材料理得更加美味？某种食材可以烹饪出哪些菜式？是否需要某些特殊设备？

当进行这些关联后，他发现每天下班买菜就变成一件有趣又有价值的事情，同时也给生活带来了改变。因为每天可以购买不同的食材，尝试不同的挑战。

通过系统，帮助行动与行动之间建立关联，这对我们非常有帮助，也是时间管理系统必须具备的功能。

把行动串联起来，不仅可以完成行动，还可以为下一个行动或其他行动累积价值。在同等时间里，同样的行动却累积了加倍或数倍的价值。

买菜这个行动，一方面解决了晚餐吃什么的问题，另一方面研究健康料理，让家人吃得更健康。打印一份资料，一是满足开会需要，二是更好地展示自己的能力，三是让客户、主管对自己产生好印象。

从现在开始，试试通过这样的方式管理你的行动！

任务：通常需要拆解成行动

列待办清单时，常常会出现两个问题。

第一个问题就是有什么行动就列什么行动，彼此相关联的行动明明是同一个项目的行动，在待办清单上却分散在不同的地方。

就像家里没有设定好收纳位置的物品，哪里可以塞下就放哪里，虽然外观看似整齐，但常常找不到自己需要的东西。在时间管理中也是同样的道理，行动之间彼此不相关，要怎样有效地找到我们真正需要的行动呢？这是第一个问题。

第二个问题就是在待办清单上列的，不全是当下真正可以执行的行动。

什么是待办清单？就是当我们想知道自己要做什么事情时，打开待办清单，就知道现在可以采取什么行动。

然而，在待办清单上，我们常常列的是当下根本不可能做的事情，于是一直拖延，导致待办清单变成令人痛苦的清单。

这是为什么呢？因为我们列的不是当下真正可以做的行动，而是一个由很多行动构成的任务。而这种任务不应该列在每日的待办清单上。

有些事情很困难，不可能一次完成，比如“写一篇文章”是一个任务，我们很难在一两个小时内写好一篇文章。要写好一篇文章，需要多个行动，行动还有先后顺序：

- 先想清楚文章的题目。
- 要写好文章，我需要收集哪些资料。
- 要思考一下自己的经验，进一步分析和反省。
- 列出大纲，确定要写什么内容。
- 打一份草稿，再慢慢修正。

你会发现，要完成这样的写作任务需要多个行动，必须分次完成，一个一个行动，很难一次把所有行动都做完。

但我们常常把这样的任务直接写在待办清单上，而不是先把任务拆解成一个个可以直接执行的行动，再写到待办清单上。

当我们把“写一篇文章”这样的任务列入待办清单后，会发生什么状况呢?

让我们来设想一下：我有一小时的空闲时间，打开待办清单，看到上面有件事情是“写一篇文章”，我心里想，好像没那么多时间，一小时不足以写完一篇文章，下次再做好了!

如果我真的要开始写一篇文章，那应该做什么呢?待办清单上并没有写清楚，我不能一目了然地知道具体应该采取什么行动。“写篇文章”是我最终想要达成的成果，但是具体应该采取什么步骤呢?我觉得无从下手，那么干脆下一次再做好了。

所以，一方面我们要把相关的行动关联在一起，使它们构成一个任务；另一方面，当我们想到一个任务时，应该拆解出真正可以执行的具体行动。

> 把任务一步步拆解出具体行动，这样才知道真正应该把哪些事情列在待办清单上，并且在看到待办清单时，真正明确地知道自己要做什么。

所以，我们需要的系统，必须具备帮助我们拆解任务中具体行动的功能。

项目：需要把任务中的行动整合排序

子弹任务管理系统必备的第三个功能，就是可以把各种行动、任务，以及项目相关资料都整合在一起。

也就是 2-1 中提到的，从项目的角度进行思考，把行动、任务最终聚焦成一个一个的项目。这样做有三个好处：

- 放下焦虑。
- 排出顺序。

- 精准选择。

项目系统要帮助我们放下焦虑，因为所有的事项都在它们该在的位置上。

当所有的行动关联成一个一个的任务，任务再组合成一个一个的项目，建立起一套以少驭多的流程后，我们需要处理的所有事情都已经在系统中，有的甚至可以排列在系统中正确的位置上。

当建立这样的系统后，大脑就不用再焦虑还没实现的目标，不用担心忘记某件事，不用想东想西，反正按照系统去做，就是当下最好的选择。

这样的系统可以支援我们，让我们安心、循序渐进地行动。

项目系统还要帮助我们排出优先顺序，决定哪些可以一起做，哪些可以稍后做。

如果相关联的行动可以同时执行，就能节省许多来回切换工作的时间。

有时，我们必须确认好哪些行动需要先做，哪些可以稍后做，这样才不会因前边没做某个行动而卡住，浪费时间。

举个例子，当我和妻子想要出境自由行时，我们立即把第一个想到的行动——订国外旅馆，列入待办清单。

但是这个行动在待办清单上面好几天，每天都看到也想着要做，但每天晚上我们总是在做其他事情，一直拖延这个行动。这是为什么呢？

因为在“订国外旅馆”这个行动前，还有许多行动要做，比如我们要先决定旅行的日期（也是请假的时间）、设定好每天的主要目的地、规划好预算，这样我们才能知道自己要订什么时间、什么地点、什么类型的旅馆。

如果没有先做好前面的行动，后面的行动执行起来就会很难。因为没有前边的准备，根本不可能完成后面的行动。

项目系统要能帮助我们做出精准的选择，而不是盲目选择，甚至无法选择。

时间管理的核心目标，不是把所有事情都做完，因为本质上我们不可能把所有事情都做完，我们想做、要做的事情永远多于我们可以支配的时间。

所以我们必须做出选择，选择不是随心所欲的，而是依赖系统，通过行动的关联、任务的拆解、项目的整合，让我们明确最佳的行动是什么。

2-3 主动提示什么时候不遗漏事项的系统

前面谈到要建立一个可以区分行动、任务、项目的系统，并将它们逐步整合起来的时间管理系统。接下来，我们还需要时间管理系统具备哪些功能呢?

更进一步，我们需要一套严密完善、不遗漏的系统。

什么叫作不遗漏? 就是这个系统会告诉我们什么时间该做什么事情，哪个时间、哪个环节有哪些事情是一定要做到、不能遗漏的，系统可以一一提醒我们。

这些不能指望大脑告诉我们，依靠大脑的结果就是丢三落四、漏东漏西，所以必须让系统来告诉我们，并且是主动告诉我们。

那么，怎样打造出一个可以主动告诉我们，且不遗漏待办事项的系统呢？

如果这个系统只是把所有的事情都记录下来，或是将这些事情做好分类，这还远远不够。因为记录好的事情，不代表一定会在正确的时间、地点执行它！

面对这个问题，我们回想一下自己的家居整理过程就知道了。那些收纳整齐的物品，大多数永远不会拿出来使用。遇到真正需要某件物品时，如果没有系统主动提示，我们一定会忘记使用它。

举例来说，今天要去参加宴会，穿什么衣服最好呢？其实我有一件宴会衣服，正好适合今天的宴会场合，但如果系统没有主动提示我，那么我通常会忘记有那件宴会衣服，也就无法好好利用这个资源。

所以，我们需要的是一个具有主动性的系统，可以主动告诉我们：当下该做什么。这个系统才是一个真正有效、不遗漏的系统。

在整理任务时，我们以为把任务放入系统中就可以了，但这样还不够，因为我们无法在事后知道自己该做什么，而需要系统主动告诉我们。

通过时间提醒功能主动提醒我们

可以主动提示的系统，通常要具备时间提醒的基本功能。

有些现在发现的待办事项，却是未来要做的任务、项目，这就需要系统具备时间提醒的功能，把事情延后至真正该做的那一天。

等到那一天来临，系统发挥时间提醒的作用，就会主动告诉我们今天该做什么。

要想时间提醒功能发挥作用，关键是我们必须知道在一个项目里，哪个任务、哪个行动应该在哪个时间点启动。

例如，我周五要完成一篇文章，时间提醒设定在周四，提醒我开始写作，这是一个有效的时间提醒吗？我认为不是。

为什么呢？因为我们前面分析过，写一篇文章这个任务，必须要完成多个行动，前一天的提醒，可能不足以让我依序把所有的行动都完成。所以，我可能要设定一个提前一周的提醒，让我有充足的时间，相对没有压力地逐步完成这个任务中的所有行动。

关键是系统能先拆解任务，把项目的任务、行动都安排清楚，我们就知道，有多少行动要完成，需要提前多长时间，这样的时间提醒才是相对准确的。

只有时间提醒功能，对真正有效的时间管理系统来说还远远不够。为什么呢？让我们继续思考一下。

通过统一的排程系统主动提示我们

你觉得最好的提醒系统是什么样的呢？

让我们来思考一个简单的问题：如果明天上班时需要带一件物品去公司，在今天晚上如何设定一个不遗漏的提醒，让自己明天记得一定带上呢？

如果在待办清单上设定一个时间提醒，可能提醒时间到了，我们也看到通知了，但那时还没出门上班，心里就想：我出门时会记得带上。但结果往往是，出门时却真的忘了这件事！

这就是时间提醒的难题，因为我们常常很难把时间提醒设定到非常精准的时间，不精准的时间提醒，反而会变成一种干扰。

那怎么办呢？或许你会这样提醒自己，干脆今天晚上把要带的物品摆在家门口，这样明天出门时一定会经过门口，就会看到那个东西把它带到公司。

所以，系统主动提醒的第二个功能，就是把行动、任务放在我需要时一定会经过的地方，通常就是项目里的某个位置。当我需要时一定会经过，一定会看到它，进而采取行动。这是一种什么功能呢？其实就是排程功能。

以家居整理来说，如果我希望在需要时能想起来穿宴会礼服，最有效的方法，就是把宴会礼服、饰品、鞋子全部集中收纳在一个地方，那里是宴会项目专区。只要我参加宴会，就一定会打开那个专区，就能看到那件新买的宴会礼服了。

时间管理也是同样的道理，应在项目中把项目的每一个任务排出顺序，再把每个任务下的行动排出顺序，并且把行动统一整合在相关任务中，再把任务整合到目标项目里。

> 这样一来，我就不用记住要做什么行动，完成什么任务。我唯一要记住的，就是我要做什么项目，打开这个项目的系统，就会看到现在进行到哪个任务，进行到哪个步骤，下一个步骤是什么，整个进程一目了然。

以工作举例，开会笔记可以用排程的方式来整理。

开会讨论项目时，在笔记本中记录下开会决议的待办事项，我的笔记写得很清晰，但这些待办事项只留在笔记中。这样会导致什么问题呢？

当时我们设想得很好，等到要执行那个任务时，就打开那则会议笔记，确认没有漏掉开会决议的待办事项。你认为这是一个好方法吗？我相信不是。

怎样确保自己在执行这个任务时，一定会查看那则会议笔记呢？特别是一个任务常常需要开多次会议，可能有三四则会议笔记，每则会议笔记里都有一部分这个任务需要做的行动。

我更无法确保自己未来执行这个任务时，会同时打开每一则会议笔记，然后清楚地确认每一个行动，这几乎是无法办到的。就算办得到，也非常浪费时间。

所以，对于开会笔记里的待办事项，最佳的处理方法就是舍弃开会笔记，把开会的待办事项直接排程到它所属的任务、项目中的正确位置。前提是必须如前面所说，建立好一个项目、任务、行动分明的系统。

这样我们可以完全忘记这个行动，也不需要设定时间提醒，因为只要专注在项目上，按照排程执行一个个任务、行动，做完前一个，自然就会看到下一个，直到做到那个步骤，开会决议的待办事项自然会出现在眼前，这样就相对不会出现遗漏。

就像出门一定要经过家门口，一定会看到摆在门口要带的物品。

2-4 知道每一个当下最佳行动的系统

接下来我们要解决的系统问题，就是如何建立一个当下明确知道可以做什么事情是最佳选择的系统。

整理系统相对简单，设定提醒、排出流程也容易做到，但“做出选择”却是我们要面对的人生难题。

系统要能帮我们选择行动的优先权重。

首先我们需要的是一个可以排出优先权重的系统。

问题来了，我们都知道要先做重要的事，所有的时间管理方法都会强调这一点！事实却是我们常常不知道什么是重要的事情，或者很难判断什么是重要的事情。

我们总觉得所有事情看起来都很重要，正因为如此，容易把所有的事情都排上待办清单。既然选不出哪个最重要，就干脆什么都做，这样是缺乏效率的。

如何利用系统来解决这个问题呢?

我们一步步地分析想要打造的系统，逐步推演到这步，是希望通过前面每一个环节的架构，让系统可以帮助我们决定什么才是最重要的事情，而不是自己随心所欲地决定。

假如我有两件事情要做，一件是带孩子吃早午餐，另一件是在家里加班完成某个紧急或重要的工作任务。这时，哪件才是重要的事情，应该优先选择哪个行动呢?

决定哪个行动更重要时，不应该在这两个行动上做决定，而是要先确认这两个行动背后关联的项目，然后比较相应项目目标的价值孰轻孰重，这就是依靠系统进行选择与判断。

系统中的项目、任务、行动是彼此相关的、联系的。通过系统，我发现带孩子吃早午餐这个行动，对我来说背后关联着一个更大的目标。我希望能跟孩子一起创造更多美好的回忆，那么这可能是我当下更重要的行动。虽然工作上还有未完成的事情，但在周末和孩子享受一段愉快的亲子时光，是我系统中明确的目标，于是我就知道应该怎样选择，并且会因为这个选择更开心、更有成就感。

如果只看行动是无法判断出这件事的重要性的，就像本书一开始提到的，有效的时间管理必须依靠一个支援系统。

如果我们当下随心选择，而非深思熟虑，就很容易误判真正重要的事情。当我们无法真正有效地选择出重要的事情，无论实践什么样的时间管理方法，最终都无法获得真正的快乐。

系统能帮我们选择在正确的情境里做正确的事

系统除了要解决如何选择重要的事情外，还要帮助我们善用各种各样的空闲时间。也就是说，我们的任务管理系统必须具备“情境判断”的功能。

什么是情境判断功能呢？就是当各种不同情境之间出现空闲时，系统可以帮助我们选择在这个情境下最适合采取什么行动，这样就可以利用那些我们原本无法好好利用的零碎时间。

在日常生活中，我们其实有大量的时间没有得到充分利用，我指的不是用来休息的时间，也不是用来开会的时间，更不是那些必须执行某个行动的时间，甚至也不是每天上下班必需的通勤时间。

在这些时间之外，我们还有非常多的空闲时间可以利用。

这些零碎的空闲时间，隐藏在会议与会议之间的二十分钟，隐藏在回家准备吃晚餐前的半个小时，隐藏在晚上刚洗好澡后没有人打扰的一个小时，隐藏在工作跟工作之间、通勤跟通勤之间某些等待的空闲。回想一下，我们通常如何利用这些时间呢？

我们不会在这些时间安排计划，也无法用时间表安排行动。所谓的时间表，像上午十点要开一个会议、下午两点专心写一份计划。那么，这些事情与事情之间随时可能出现的空闲时间呢？我们没办法事先做安排，于是在空闲出现时，由于我们没有计划，所以就采取一些打发时间的方法把它浪费掉，例如上网、刷微博或是看视频。

假如工作时间中出现了三十分钟的空闲，我打开自己的待办清单，上面有一个需要 3 小时才能完成的任务，但我只有三十分钟的空闲，我想自己没办法完成那个任务，那不如干脆不做，于是就把这样的空闲拿来打发时间。

我们必须学会善用这些空闲时间，当这些零碎的时间累积在一起，其实我们会获得非常庞大的时间资源。

问题是我们如何有效地利用这些零碎时间呢？关键在

于，要建立一个可以利用空闲时间的管理系统。

这就要求时间管理系统不只是具备时间提醒的功能，因为就像前面提到的，我们不可能事先预测每一个时间点会发生的事情，不知道空闲时间什么时候出现，又如何事先安排计划呢？事实上，时间管理清单也不可能精准地排到每分每秒，如果真这样排，反而会浪费更多时间，最终也不可能百分之百地完成。

对于这些空闲时间，我们需要做的是设计一个情境管理系统。不是排出准确的时间点要做什么事情，而是事先计划：

如果是只能思考的空闲时间，可以做什么事情呢？

如果是可以用手机处理事情的空闲时间，可以做什么事情呢？

如果有三十分钟的空闲时间，可以做什么事情呢？

如果只有十分钟的空闲时间，有没有什么事情可以在短时间内采取行动？

我们的系统应该要具备利用空闲情境的功能，不只是时间提醒和排出事情的顺序，也不只是决定事情的优先权重。

重要的是，系统要能主动地告诉我们："在当下的空闲时间情境，最适合采取哪个行动？"而不是我们自己去想。

这样，一个真正可以支援我们的时间管理系统才算建构完成。

2-5　为什么我选择用印象笔记架构这个时间管理系统?

在前面，我们仔细地分析了如何架构有效的时间管理系统。

首先，不是要你改变个性，而是要建构一套完整的支援系统，让系统来支援我们。

看到要架构系统，可能有人第一时间想要放弃，其实系统才是更简单、更有效的方法。

接下来，我分析了这个系统要达成的三个最终价值。

第一点是要建构一个让大脑减压的系统，让人不用管理琐碎的事情。

第二点，我们可以相对没有压力地专注在当下应该采取的最佳行动上。即使我们知道还有很多任务没有完成，还有很多行动没有执行，但背后有系统支援我们，所以只要专注当下最值得选择的下一步行动，我们就知道事情自然会逐步完成。

第三点，这个系统能够帮助我们聚焦在最关键、最有价值的目标上，因为时间管理不是要把事情全部做完，而是要把事情做得有价值，得到一些让自己感到快乐幸福的成果。

从最终价值与目标回推，我们想为自己打造的时间管理系统，必须具备以下七个关键功能。

- 第一个功能，要能以少驭多，可以归纳整理出一个以项目视角管理所有任务、行动的工作流程。
- 第二个功能，这个系统能够帮我们关联相关行动，将困难任务拆解成更具体的下一步行动。

- 第三个功能，每一个项目的任务、行动以及相关资料都摆放在同一个位置，这样能够一次看到我需要执行的所有步骤。
- 第四个功能，这个系统必须具备时间提醒的基本功能。
- 第五个功能，系统要有排程的功能，就像工厂的生产线一样，只要照着排程一步一步地行动，就不会漏掉任何一个关键环节，并且永远知道下一步最应该推进哪件事情。
- 第六个功能，这个系统能帮助我们判断行动优先权重，帮助我们通过系统选择出最重要的目标。
- 第七个功能，系统能够帮我们选择在当下情境中最有价值的行动。

挑选符合功能的时间管理工具

有了上述的系统方法，想要建构完成整个流程，清楚背后的思考逻辑，系统要落实在某个工具上，才能真正操作，从而实现其价值。

所以，你要帮自己找到一个可以满足上述目标、功能的工具，建构成一套系统。

对我来说，只要通过印象笔记，就可以把上述系统的每一个关键环节建构完成。它可以满足我对时间管理系统要求的所有功能。

第一个功能，要能以少驭多，印象笔记的“笔记标签”“复制笔记链接”功能，可以帮我用少数的项目笔记，管理好上万则任务笔记。

第二个功能，印象笔记的“复制笔记链接”功能可以帮我关联相关行动，“笔记大纲”功能可以拆解困难任务，将它变成更具体的下一步行动。

第三个功能，印象笔记可以整合各种形式内容，使每一个项目的任务、行动、资料都摆放在同一个位置。

第四个功能，印象笔记具备“时间提醒”的基本功能。

第五个功能，印象笔记能利用“复制笔记链接”打造出排程顺序的功能，按照排程一步一步执行，就不会漏掉任何一个关键环节。

第六个功能，印象笔记系统的“标签设计”能帮助我们判断优先权重，通过系统选择出最重要的事。

第七个功能，印象笔记系统能够通过“标签”与“搜索”功能，帮我们选择出当下这个情境最有价值的行动。

接下来，我带大家演练经过我多年实践验证，非常有效的，一套以印象笔记为核心工具，搭配前述时间管理系统架构出来的“印象笔记•子弹笔记系统”。

这是一套时间管理方法，也是一套任务笔记技巧，更是一套个人项目管理系统。

现在，就让我们一起打造出一个“快、狠、准”，且可以帮自己实现计划的“印象笔记•子弹笔记系统”吧!

第三章

把“任务”演化成“子弹”

3-1 一个任务，一则笔记，一颗子弹

接下来，我们就利用印象笔记来打造属于自己的子弹笔记法以及一套有效的时间管理系统。

大多数子弹笔记法，一开始会教我们列出每天的子弹行动清单，这看起来确实非常有吸引力，也会感觉非常有成就感，但就像前我们分析的，这样做容易让待办清单最终变成一个做不到的待办清单。

列出行动固然重要，但行动与行动之间应有关联，一系列的行动才能获得一个有价值的任务成果，而关联更多的任务成果，最终才能完成一个真正创造巨大价值的项目目标。

根据我的实践经验，我们不应该一开始就立刻列出每日的子弹行动清单，而是先从这个系统的中心点——也就是

“任务”入手。

以“任务”作为焦点，才能帮助我们真正拆解出可以做得到的每日行动清单，并且可以避免我们陷入混乱、分散的行动当中，从而创造真正有效的成果。
不是在行动中迷失，而是在逐步创造的成果中推进，才能创造出一个有意义的时间管理系统。

避免瞎忙，就是避免分散行动

我先讲一个故事，这个故事是我从《SCRUM：用一半的时间做两倍的事》这本书上看到的。

假设周末时间到了，我有一整天的空闲，可以处理一些之前累积很久没有做的家务。这时，我就想：不如打扫一下前面的庭院。

但是扫了几下落叶之后，我想起厨房买了一个新家具，还没组装。于是落叶扫到一半，我又跑去组装家具。

但是家具组装到一半，我想起客厅的墙壁还没刷上新油漆，于是我又跑去刷油漆。

结果油漆刷到一半，我又想到书柜的书还没有整理，于是我又跑去整理书柜。

整理到一半后，大半天的时间已经过去了，我做了很多事情，却没有一件事完成的，开始感觉疲惫了。

于是我跑到客厅沙发上打开电视，想要放松一下，一转眼周末一整天的时间就过去了！

这是不是很像我们休息日、上班日会出现的状况？

当我回想时，感觉这个周末过得非常空虚，没有成就感，觉得需要更多闲暇时间让我把所有的事情都处理完。为什么会这样呢？这种感觉是不是和工作上十分忙碌却感觉虚度很像呢？

这是因为我东做一个，西做一个，没有考虑行动之间的相关性，没有考虑行动背后要完成的任务成果，最后虽然做了很多行动，却没有真正完成一个有价值的任务。

庭院扫了一半的落叶，看起来跟没有扫过一样。

厨房组装到一半的家具，依然是一个无法使用的家具。

刷了一半油漆的客厅，可能看起来更丑。

书房整理到一半的书柜，下一次可能忘记自己整理到哪里，说不定还需要重新整理一次。

一整天都觉得自己很忙，花了很多力气，最后却没有真正体会到成就感，也没有真正带来任何一个成果。

这就是时间管理最大的问题，感觉一直在瞎忙，却没有真正完成任何有价值的事情。关键原因是我们只看到行动，却没有看到行动背后真正需要完成的任务，没有聚焦需要完成的任务。

所以，我们不必把焦点放在零散的行动上，而应该聚焦在一个个可以带来成果的任务上。

所以，我们一开始要做的，不是列出每天的行动清单。

在时间管理上，我们第一件要做的事情，其实很简单，就是锁定那些有价值的事情，把有价值、可以带来成果的事情，变成一个个任务，再从任务的角度进行思考。

印象笔记中的每则笔记，就是一个任务核心

对我来说，时间管理不是一个个行动的组合，时间管理最核心的价值应该是：锁定、确认、思考想要创造的任务价值。

印象笔记可以利用一则则的任务笔记，聚焦在任务上。在任务笔记里，先把任务的目标愿景思考清楚，就像写笔记那样，然后再去拆解行动清单。

很多朋友说，印象笔记使用久了，变得非常散乱，资料分散在很多不同的笔记中。当需要处理一个任务时，由于任

务的行动散落在不同的笔记里，很容易遗漏，并且耗费时间。那么，我们如何使印象笔记中的笔记，变成真正便于搜寻、整理，使用起来轻松、便捷，并且使行动变得更高效的笔记呢？

我有一个很简单的原则，那就是：“一个任务，一则笔记。”

把任务的目标成果、行动清单、相关的资料，都放入同一个任务的同一则笔记中，那么印象笔记就会变得非常便于整理。

用任务成果来聚焦，让整理更简单

我们工作、生活的驱动是以任务成果为中心。

任务可以创造一个具体的成果。以前文的例子来说，组装好厨房的家具是一个任务，彻底完成清扫是一个任务，粉刷完客厅的墙壁也是一个任务。只有真正完成一个任务，才会诞生一个具体的成果。

> 这个可以达成具体成果的任务，可能需要采取多个行动步骤，可能需要准备一些资源，可能需要一些参考资料，我们都把它放在同一则印象笔记的任务笔记中。这样，我们就可以立刻在同一个地方找到或看到需要的东西。

就算暂时漏掉其他步骤也没关系。因为回到时间管理的核心价值，无非就是完成一个个任务，并获得背后相应的价值成果，所以只要以任务的成果为核心进行管理，我们就可以把握真正有价值的行动。

如果我们不这样做，那会怎样呢？

比如说，我看到有些朋友在使用印象笔记或者在做任务管理的时候，把行动、资料分散在很多不同的地方。想粉刷客厅墙壁油漆，把这个想法新增一则笔记；开始找油漆相关资料后，又增加了好几则油漆资料笔记；准备购买油漆相关的工具，又是第三则不同的笔记。这样不是以任务成果为核心的管理，最后笔记当然会变得混乱，而且在使用时一样会漏东漏西，要找东西的时候找不到。

案例：如何让任务笔记更好地引导行动？

有一段时间，我周末的工作很多，妻子希望周末我能陪孩子一起吃个早午餐，或是趁天气好时，全家人一起去踏青郊游。

开始只是一些想到就做的零散行动，当我思考这些行动背后真正的任务成果是什么后，于是我建立了一则“陪伴妻子与孩子”的任务笔记。

在这则笔记中，我认真地思考：我想达成的真正任务成果是什么，并且将它们写入笔记中。

在同一则笔记中，我深入思考要达成这个任务成果，我可以做哪些行动？我可以带孩子去我和妻子都很喜欢的那家餐厅吃饭，可以带孩子去踏青。那么有哪些适合亲子踏青的地点呢？或许我不一定要等到周末再陪伴妻子与孩子，平常上下班与起床之间的时间、下班回家的时间等这些空闲时间都可以陪伴他们。有哪些可以和家人创造更多美好回忆的行动呢？我把这些行动全部列出来，变成同一则笔记中的任务行动清单。

在同一则笔记中，我把那些可以去的餐厅、适合亲子郊游的地点、想跟孩子一起看的童书、可以帮孩子做的早餐等，这些相关的资料全都放入印象笔记中。

于是，这则笔记就变成了一则聚焦我人生中重要任务成果的笔记。

更重要的是，这样的笔记可以帮助我聚焦完成真正有价值的任务成果，而不是在零散的行动上毫无头绪。

这则聚焦某个价值的任务笔记一直出现在我眼前，它提醒我真正要完成的任务成果是什么。有了这则任务笔记，我会很轻松、没有遗漏地找到要完成那个任务成果所需的行动与资料。

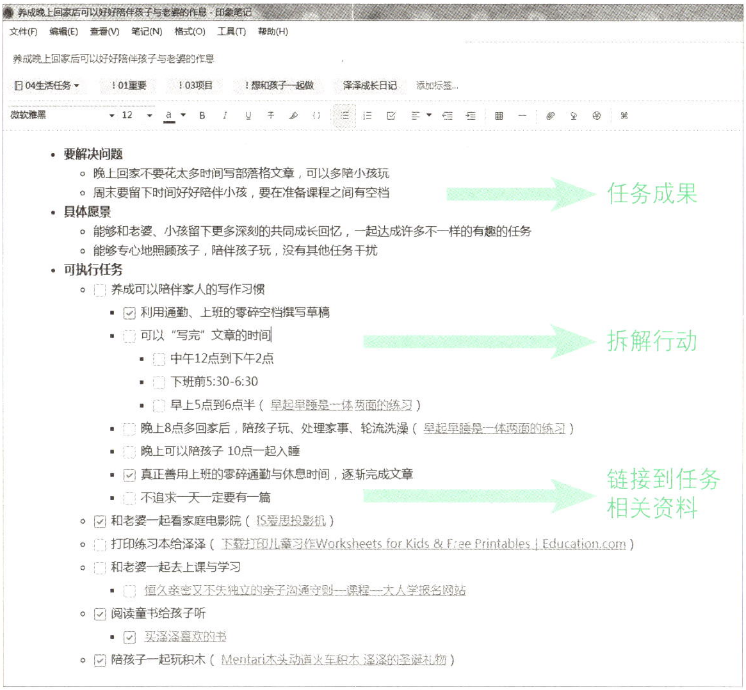

这则要好好陪伴妻子和孩子的任务笔记，在真实的生活中多次发挥作用。

记得有一次，周六我要去授课，课程下午一点开始，我本来计划上午备课，中午出发前往上课地点。

但是前一天晚上，孩子突然身体有点不舒服，妻子说在早上医院九点开门的时候，可不可以先带孩子去看医生。说实话，我第一反应心里确实有些不情愿，或者说产生了一些压力，因为我开始焦虑原本已经准备好要备课，现在却意外被插入另外一个行动，我似乎无法掌控我的时间。

这时我看到这则要好好陪伴妻子和孩子的任务笔记，打开笔记，我看到了这个任务自己想完成的价值成果是什么。

陪孩子去看医生，也属于这个任务下的行动。如果要让这个行动联结出更大的价值，那么不如把它做得更好，完成得更彻底。

所以我跟妻子说，虽然医院早上九点才开门，我们不如八点就提前出发，先去医院旁边一家还没去过的餐厅，带孩子一起吃个简单的早餐，然后再去医院。最后，大家心情愉快地回到家，我还有时间休息一下，准备课程。或者下次我会提前周五晚上把课程准备好。

这样我们在周末的早上，不仅完成一个看医生的行动，并且真正完成了一个陪伴孩子、创造回忆的任务，获得了我们想要的任务成果！

真正有杀伤力的任务子弹

真正的子弹绝对不是一个个分散的微小行动，因为小行动是没有杀伤力的。

组装到一半的家具，油漆涂到一半的客厅，没有完成任何成果，不具备任何有效的价值攻击。想要真正有杀伤力，就要真正完成任务成果，创造出价值成果。

所以，只有聚焦任务，才能将任务笔记变成有效的子弹。我们应该在任务上做好整合和管理，把它变成时间管理的枢纽。

接下来，让我们梳理一下：
当行动很多时，我们要以少驭多，以任务整合行动。以任务为枢纽，管理分散的行动。
当任务很多时，我们继续上升到项目的视野。以少驭多，以项目来管理越来越多的任务。

其中，任务这个环节，担负了起承转合的枢纽作用。

这就是一则笔记，一个任务，它会变成一颗子弹，真正带来有杀伤力的效果。

如果我们使用印象笔记来建造子弹笔记系统，它和一般的待办清单最大的不同在于，它非常适合用来整合、理清这一个个任务目标。

我觉得比起列出每天的行动清单，像子弹一样的任务笔记，才是真正提升效率的关键。

因为我们不是在管理行动，我们真正的目的是在管理我们所能完成的成果、创造的价值。

3-2　如何在印象笔记中拆解、整理任务

接下来，我快速展示一下如何在印象笔记中对一则任务笔记进行拆解。

通常我会用以下三个原则，架构出一则任务笔记：

- 想要获得的具体成果。
- 拆解出需要做的下一步行动。
- 整合任务需要的相关资料。

想要获得的具体成果

让我来实际说明一下，如何在印象笔记中进行子弹任务

笔记管理。

当我面对一件事情需要采取行动，或者产生某个想法时，我就会思考，这是不是一个具体的任务？这个任务有没有想要达成的具体成果？如果有，我就会新建一则任务笔记进行拆解，之后将和这个任务相关的所有事情整合到这则任务笔记中。

换句话说，有可能是我想到一个行动、想法，发现与之前某则任务笔记相关，我就可以直接把这个想法、行动放入之前的任务笔记当中。这样就能逐步整合时间管理系统，笔记也不会零散。

每当一个新的任务笔记诞生后，无论它是工作上的项目、生活中的事情、个人兴趣、习惯养成，或是某个愿望，都需要思考一个问题："这件事情，我到底想要达成什么样的具体成果？"并且把具体的愿景描述出来。

同样一件事情，由于设想的具体愿景不同，进而产生的

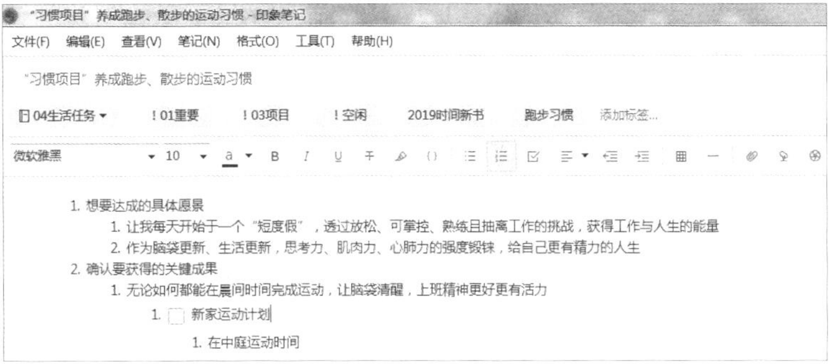

行动方式也不同。

我们必须先确认想要达成的具体成果，才知道如何拆解出有效的行动。

有时候我们的行动卡住，关键原因就在于我们没有确认想要达到的具体成果。

例如，同样是跑步这个习惯，我原以为必须每天早上抽出一个小时来跑步，但是我早上根本没那么多时间，于是这个任务一直停在那里。

如果重新设定我想达成的具体成果，说不定我只是想在早上做有趣的事情，或者只是想让自己在早上更清醒，或是想要改善自己的心肺功能。

这些成果不一定要在早上硬挤出一个小时跑步来达成，是我把自己卡在这个行动上！

如果确认想要达成的成果，我会发现有很多能够实现这个成果的方式。

拆解出需要做的下一步行动

当确认成果后，我在同一则笔记里拆解出要达成这个成果需要的行动清单。并且我要的是有创意的、经过全面思考的、符合成果的行动清单。

这是什么意思呢？以我自己真实的跑步习惯任务为例进行解释。

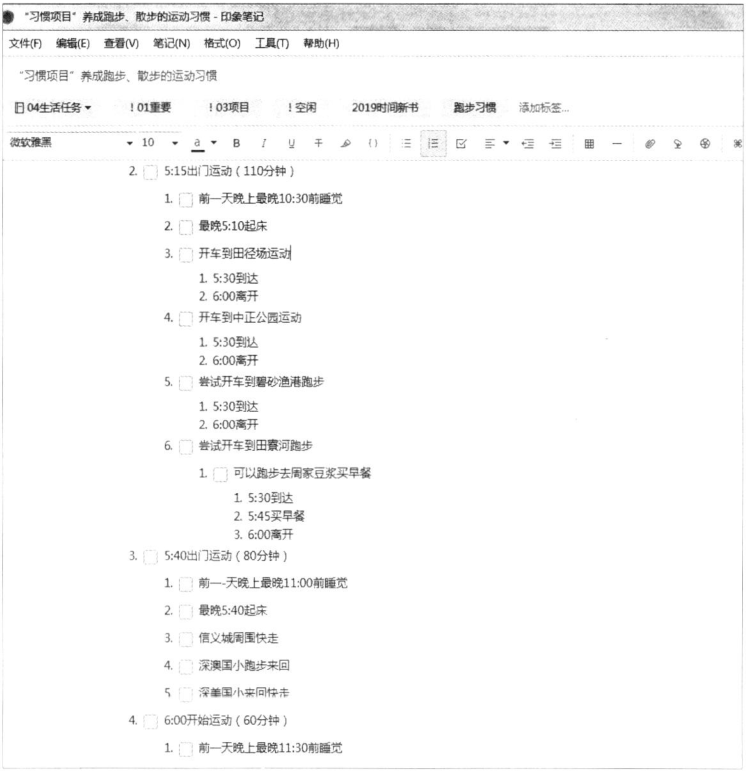

在图中，你可以看出我并非只是简单地决定：“每天早上五点起床跑步，六点半回家，开始洗澡，准备出门上班。”

因为我知道这种单一的行动，实现的概率非常低。我们往往会遇到各种意外状况，可能今天早上赖床了，快到六点才起床，心里就想：时间都过了，今天先不要跑步了。可能今天起床的时候下雨，于是告诉自己：今天天气不好，不能跑步了。可能前天晚上回家后很累，心里想：精神状态不佳，干脆直接取消明天的跑步。

如果我们的行动目标单一，实现任务的可能性就会降低。我们可以为符合成果的任务，拆解出更多元的行动。

例如，我会继续思考，如果我五点半起床，那如何实现跑步计划呢？可以不必到体育场跑步，而是在家里附近的小学公园跑步。我继续设想，如果不小心六点起床，我怎样实现这个计划呢？我发现，从想要达到的成果来看，跑步并不是我唯一可以采取的行动。如果我想提升一下心肺功能或精神状态，六点起床时，我可以利用一个健身的手机应用，简单地练习一些地板伸展动作，同样可以实现我想要达到的效果。

如果早上临时有事，我可以利用午休时间快走三十分钟或一小时，是不是也能达到我想要的成果呢？

于是我就在笔记里，把这个任务的多元可能性行动清单拆解出来。

不是立刻列出每天的行动清单，因为实践每天的行动清单，真正实现的概率反而较低。回到每一个具体的任务笔记中，拆解出这个任务可以实现的多元行动清单。

无论我遇到什么情况，不管是五点起床、五点半起床、六点起床，还是我早上忙其他事情，我都有办法继续推进这个任务，继续累积这个任务想要达到的成果。

这样一来，困难的事情也会变得简单，并且我们更能善用时间。

整合任务需要的相关资料

如果这个任务需要一些相关的参考资料，我也可以把这些资料直接剪贴到同一则任务笔记的最下面。

如果资料很多，无法统一记在同一则笔记，用印象笔记“复制笔记链接”的功能，把资料笔记链接到同一则任务笔记的相关位置。

关于“复制笔记链接”的方法，在下一章讲到项目整理时，我会进行详细的介绍。

这样一来，一个像子弹一样的任务笔记就在印象笔记中建构完成了。

3-3　拆解下一步行动的具体操作技巧

通过前面我实际拆解任务笔记的案例，总结出任务管理有两个重点：

- 第一个重点，聚焦在一个真正值得完成的任务成果上，并且把这个任务的所有环节在一则笔记中进行统一管理。
- 第二个重点，当任务可以拆解出具体的下一步行动清单时，这个任务可以更有效地向前推进。

这些具体的下一步行动清单，可以指导我们去行动，知道应该在什么时间推进这个任务。

在这步行动中有一个重要的难题，当我们拆解任务时，相对容易看到任务成果，但不知道怎样拆解出具体的下一步行动清单。

比如任务是写一份报告，我们觉得这还能拆解出什么行动清单吗？如果是我写一份报告，我会想到需要设定题目、搜寻资料、研究案例、列出大纲、打草稿、画图等行动，如何在各种工作、日常生活的事情上快速地拆解出下一步行动呢？

四个拆解行动的思考方向

我的方法很简单，无论怎样，你都可以在一个任务下面先列出第一个行动，或者你就把那个任务要达成的成果，当作第一个行动列出来。有了第一个行动后，接下来我们以这个行动为坐标点，沿着上、下、左、右四个方向思考。

上：我需要先做什么？这个任务需要哪些前置行动？需要哪些前置条件？

往上思考，就是往前回推，要做到这个行动，有没有比它更前一步的行动必须先做呢？有没有比前一步行动更前的行动必须先做呢？

不断地往前回推，思考出更多的前一步行动清单，就可以知道真正的第一步行动，以及下一步行动。

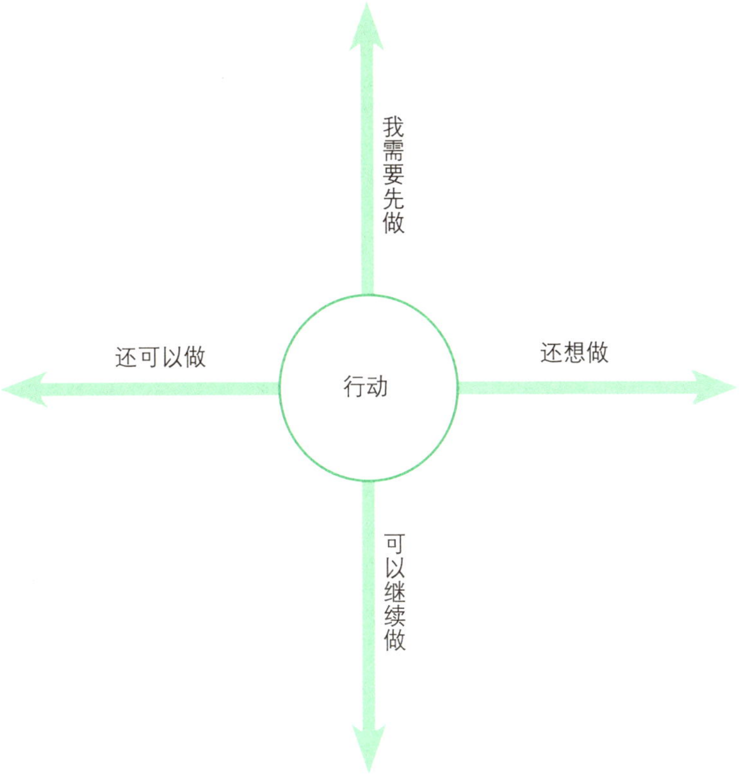

下：我能继续做什么？完成这个行动后，我还可以采取哪些行动？

往下思考，就是往后延伸，如果这个行动完成了，我还能采取什么行动，让这个成果变得更好呢？或者有没有其他任务跟这个行动相关，怎样可以把它们彼此联系起来呢？

通过这种方式，让行动创造出更多价值，拥有更多未来的诱因。

左：我还可以做什么？如果这条路行不通，可以换成哪种行动？又该如何做呢？

往左思考，就是水平思考，扩展思考这个行动，有没有可以代替的行动？有没有其他可能性？如果原本预设的这个行动走不通，有没有其他做法，同样可以达到类似的成果呢？

通过开放式的水平思考，我们不必停滞在唯一的行动上裹足不前。

右：我还想做什么？这个任务有没有其他想要达到的成果？

往右思考，是另一种水平思考，如果原本的这个行动无法完成，有没有可能替换其他想要达到的成果。当成果替换，行动也会跟着替换，于是我就不用停滞在原本的行动上，继续采取不同的行动从而达到类似的成果。

案例：具体地拆解出下一步行动

在每一次拆解任务时，不一定要把这四个方向的行动都拆解得非常清楚，这样做太浪费精力了！

当你发现任务走不通、卡住、拖延时，可以从这四个方向里，寻找一个方向，或是采用两个、三个方向试试看，有没有可能把行动拆解得更具体、更详细、更易于执行。

接下来，我会用实际案例进行演示，让大家更容易理解这四个技巧。

假设我现在有个任务：想要养成每天回家阅读的习惯。我如何拆解出实现这个任务成果的具体行动呢？

往上思考，如果想要养成每天回家阅读的习惯，我需要先做哪些行动呢？

- 回家后必须有一本可以阅读的书，所以我要先买好一本书。
- 我想看的书是什么呢？或许先挑出一本我感兴趣的好书。
- 我想要一边阅读，一边学习，还要为自己准备一个记读书心得的笔记本。
- 我希望营造一个阅读的氛围，那么要准备一个播放音乐的工具。
- 当然，我要想办法排出回家阅读的时间。这关系到我必须准时下班。

仅仅是往前回推，就列出了几个行动清单。

我们继续往左边思考，我可以做哪些替代行动呢？如果我回家没办法待在客厅或书房看书，有没有其他可以替代的行动呢？于是我想到：

- 如果不用看的话，还有哪种途径可以获得书本上的知识？
- 可不可以用听的，要怎么听呢？
- 可以购买电子书，让电子书 App 朗读给我听。
- 这样我在洗碗、洗澡的时候，都可以听到想阅读的书。

往右边想，有没有其他我也想达成的类似成果呢？除了养成每天阅读的习惯外，我想到的是希望尽量提升工作效率，把这两件事情联系在一起，我知道我不只是要养成每天回家阅读的习惯：

- 我还必须先找到有助于提升工作效率的书。优先阅读这些书，尽快获得更有效的成果。

最后往下思考，如果真的养成每天回家阅读的习惯，这些行动可以创造更多的延伸价值吗？我还可以继续做什么？我想到：

- 可以把我的读书心得笔记，写成文章在网络上分享。
- 或是剪辑成一个讲书短视频，把它分享出去，让更多人受益，也为自己创造更多延伸的成果和价值。

你会发现，一个原本单一的任务行动，经由这样上下左右四个方向的拆解，会拆出更多可以推进的行动。在任何情况下，我们都可以采取某种行动推进这个任务，并且明确地知道要达成这个任务成果该做哪些行动与准备才不容易被卡住。

这个任务会更有趣，可以延伸出更多的价值，我们也更有兴趣做这个任务。

其实把任务拆解出详细的行动清单，并没有大家想象的那么难。

我们不必执着于一定要做某个步骤，而是应该开放思维，从上下左右四个角度重新设想，你也可以把任务拆解出具体、有趣、有效的行动清单，这样任务才能真正被推进。

3-4 如何在印象笔记中快速撰写简洁有效的行动描述?

你在做笔记时，有没有遇到过这样的困扰？听老师讲解或是主管报告，快速把听到的每个重点都记录下来，自己好像记了很多，但回头查看笔记，却发现一团混乱，甚至看不懂自己到底在写什么。或是原本误以为内容丰富的笔记，却有很多重复内容，而真正的重点没有记上？于是你还要花时间重新整理一遍笔记。

实践前面的时间管理方法时，我们常常需要在笔记上做任务拆解，这时如何快速写好笔记呢？在这篇文章中，我会分享如何把拆解出来的内容，利用印象笔记的功能整理好。

用主题树状大纲来整理任务笔记

我有一个很简单的笔记方法，说出来并不稀奇，你立刻就能学会。但我发现很多朋友在做笔记时，没想到利用这个逻辑去写，导致第一次的笔记常常是混乱的，没有章法。

这个笔记方法，我称之为“主题树状法”。简单来说，就是利用“主题编号、树状阶层”的形式来写笔记。

笔记的重点不是写一段段的描述文字，也并非单纯地罗列重点，一定要同时符合“主题编号”“树状阶层”两个原则。

大家可以参照前面我的任务拆解笔记图，这样的主题树状大纲可以轻松地整理思路，并且保持下次思考时的延续（因为可能要想好几天、好几个星期）。

“主题树状笔记法”要解决的三个问题

为什么要这样做笔记呢？因为要解决三个问题：笔记顺序紊乱、思路缺乏逻辑、重点混杂不清，进而导致重复整理笔记的问题。

解决第一个问题，让笔记顺序不紊乱，要做到任务拆解有次序。

想到什么就写什么的流水账笔记，很难把前后相关的重点整理在一起，也很难把某类型的重点分清楚，于是笔记里的重点可能有些杂乱无章。

这时，善用“树状大纲”的分层梳理方式，就可以做好重复重点的整合、相关思路的整理，让笔记的重点不分散。

解决第二个问题，让思路有逻辑，需要让任务思考有层次。

做笔记的目的是整理重点，而不是照抄笔记。

老师在讲课时，为了讲解清楚会加入很多额外信息，笔记并不需要记下全部。如果不思考，只是一股脑地照抄全部笔记，事后自己反而难看懂!

“主题思考”“大纲分类”的笔记方法，可以强迫我们问自己：主要的重点是什么?逻辑顺序是什么?这样自然就可以做出经过自己思考整合的笔记。这也是拆解任务时的思考逻辑。

解决第三个问题，凸显重点，明确关键的行动。

一个任务、一本书、一堂课，它的知识脉络通常是多线的，例如，要解决什么问题?采用什么方式?有哪几种策略?在上课与阅读时，通常多条线索同时进行。如果笔记把它们全都混在一起，事后很难梳理。

而“大纲阶层”适合同时展开多条线索，每次找到哪一条线索的新重点，就将其纳入该条线索中，这样可以同时梳理多条线索。

这个方法真的很简单，只要我们改变一下习惯，把笔记变成“主题大纲”，而不是单纯地描述或罗列。

如何快速写下行动的重点?

开会时，如何快速写下有效的下一步行动笔记，以免会议结束后不知道该怎么行动?

与老板、客户沟通时，如何快速记录对方所说的重点，写得快，写得好，不漏掉关键性内容，甚至当时发现对方疏漏的部分，当场提问让事情顺利完成?

自己大脑中想到需要做的事情时，也可以快速记录下来，并且事后看得懂自己真正要采取什么行动。

这些问题其实都可以通过“书写方法”得到解决，只要在每次笔记任务中，根据下面四个关键词来书写：

- 行动：具体要做什么行动?
- 对谁：有没有明确要对谁的行动?（如果没有，可省略。）

- 成果：具体要完成的成果是什么？
- 时地：有没有明确要执行或完成浏览的时间、地点？（如果没有，可省略。）

原本可能是对方讲什么，就记录什么，或是脑袋想到什么就原封不动地写出来，导致行动清单越来越长，结果反而看不懂、写不完或有遗漏。

如果改成只记录四个关键词，不成句子也没关系，反正是在写行动，不是在写文章。

要注意的是，这四个关键词预设的行动主角是“我”，如果记录的是他人要做什么任务，那就在开头加上第五个关键词——“谁要做”。

下面我举几个例子，用大纲的方式进行对比。先是一般任务的描述，模拟他人交代时的语气，或是开会讨论的内容。下面是利用“四个关键词”快速书写行动：

要用 Google 文档（在线创建和编辑文档的工具）制作

一份协同合作大纲，共享给某位作者，让作者可以一起实时编辑，并且要在周五前完成。

- 共享某位作者大纲协作　周五前

周四之前需要去公司附近的某某银行取出多少钱。

- 取钱　某某银行多少钱　周四

要测试某软件的功能，列出要写的文章大纲。

- 测试某软件大纲

通过“行动、对谁、成果、时地”四个关键词，精简描述性的句子，这样可以节省记录的时间，也能清晰表示要做什么。

有时候，不需要四个关键词都写，可能不需要“对谁”，也没有明确“时地”。但通常一定会有某个具体行动，以及这个行动将产生的成果。

你可以在四个关键词之间加一些符号来分隔，例如逗点、冒号。我习惯用“空格”，因为节省输入时间，手机上打个空格也很方便。

很多时候我们讨论一件事情，虽然把方向记录下来了，但最后根本不知道要做什么，这是因为书写行动时，常常忘记问这四个问题：

- 到底具体要采取什么行动?
- 有没有要求对谁去做?
- 要完成的具体成果是什么?
- 有没有限制什么时间内完成?

你需要学会印象笔记大纲的核取功能

如何在印象笔记中编排大纲，或是插入待办清单的核取方块呢?

这些功能在印象笔记的手机版、计算机软件上都可使用，我在手机上来演示，其实功能都在编辑上。

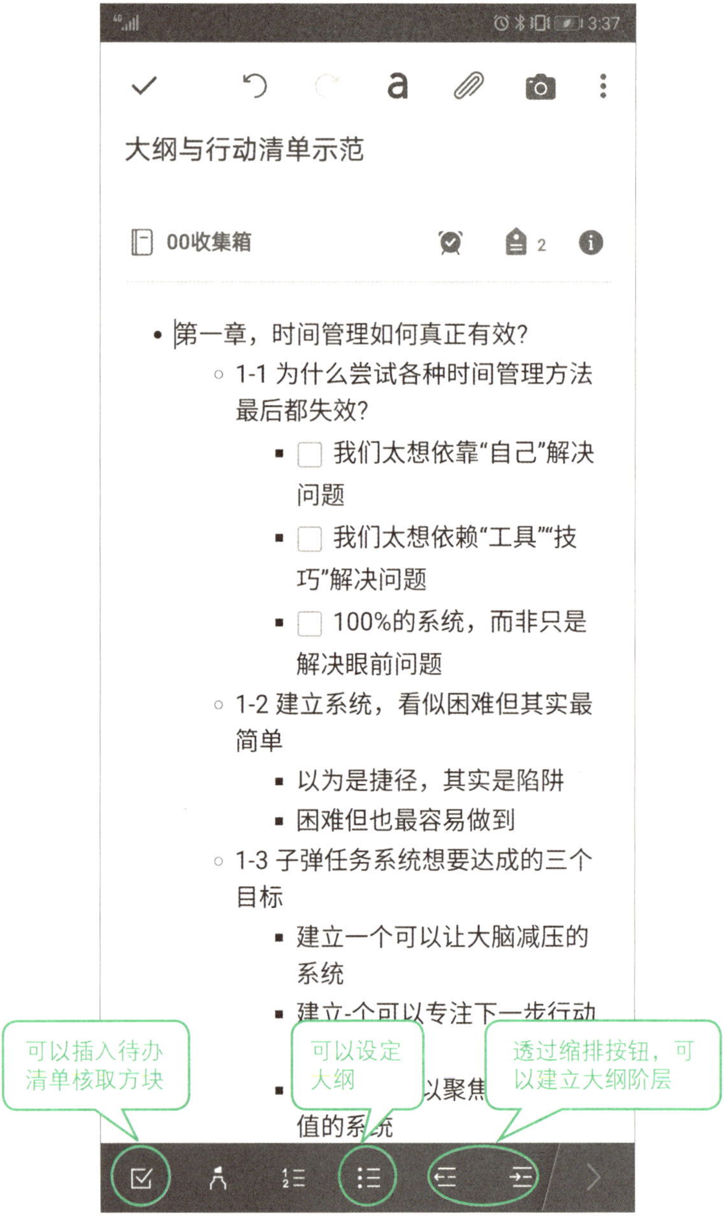
3:37
大纲与行动清单示范
00收集箱
2
第一章，时间管理如何真正有效?
1-1 为什么尝试各种时间管理方法最后都失效?
我们太想依靠“自己”解决问题
我们太想依赖“工具”“技巧”解决问题
100%的系统，而非只是解决眼前问题
1-2 建立系统，看似困难但其实最简单
以为是捷径，其实是陷阱
困难但也最容易做到
1-3 子弹任务系统想要达成的三个目标
建立一个可以让大脑减压的系统
可以插入待办清单核取方块
可以设定大纲
透过缩排按钮，可以建立大纲阶层

第四章

把任务子弹“组织”成项目系统

4-1 可以专注目标的项目管理系统

经过上一章的练习，我们掌握了时间管理系统中最核心的枢纽，也就是一个个“任务”。通过建立一个包含了具体成果、拆解行动的任务笔记，现在我们可以推动这些任务了。

这样的任务是时间管理中的基本单位，但如果只是在任务层面做管理，远远不够。

任务的数量往往很庞大，我们必须决定，哪些任务要优先完成，在时间不够的情况下哪些可以舍弃，执行了哪个任务可以为我带来最大的效益。

更重要的是，知道自己每天最应该专注的目标是什么，即使不断发生各种意外的事情，我们也能够朝着自己的目标前进，并且懂得修正自己前进的方向。

现在，我们必须把视野从任务再向上提升，提高到项目的视野去做管理。

任务子弹，为什么要以项目视野去管理?

举例来说，我要规划一个子弹笔记课程的大纲，需要设计一个课程的报名网页，请设计师画出课程的主图，处理与课程相关的手续流程，还要测试许多印象笔记的功能。这些都是独立的任务，它们有各自要达成的成果，我要把它们拆解成不同的任务笔记，同时它们背后关联着一个共同的目标——希望成功开办子弹笔记课程。

另一个例子，搬家后我想为孩子规划一间游戏室，计划在假期安排一次亲子出境自由行，还有预先安排好的带孩子打预防针，以及准备孩子上幼儿园的资料等，这些都是一个个有各自成果的任务，但是它们都关联着一个更大的项目和目标，那就是育儿计划。

对于上述情况，除了要在任务层做管理外，还可以直接从项目层面做管理。这时只要掌握好“子弹笔记课程”项目和育儿项目，我们就可以从一个更高的视野做决定。

在这两个项目里，我们怎样判断任务的轻重缓急呢？应该优先完成什么任务？什么任务可以暂缓？有没有哪些任务不在这两个项目中，这些任务是否需要暂停，以免干扰最大目标？

我们要打造的系统，是一个可以专注于目标的系统。接下来，我将进一步分享如何在印象笔记中建立这样的系统。

印象笔记的两个功能，搞定项目管理系统

只要应用印象笔记的两个功能，就可以在大量任务笔记中拥有我们需要的项目管理视野。

我先以下面这张项目管理金字塔图，示范说明最终的效果。

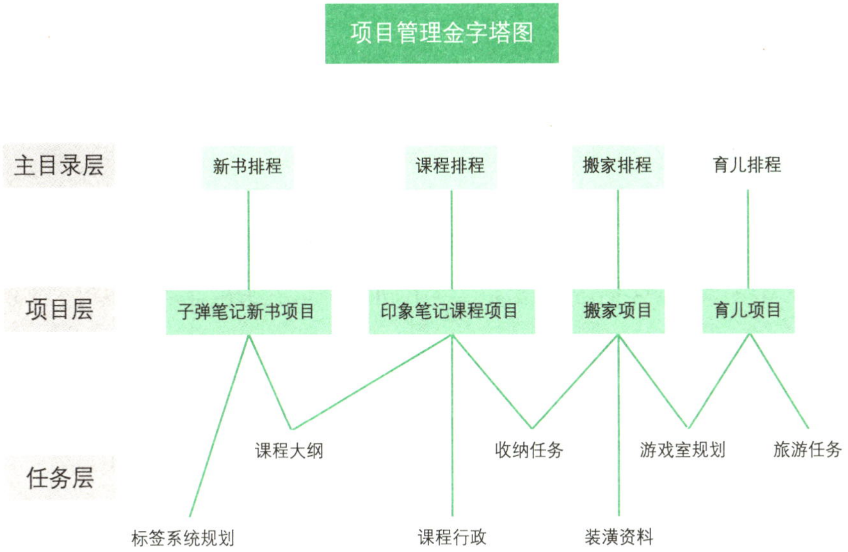
项目管理金字塔图
主目录层
新书排程
课程排程
搬家排程
育儿排程
项目层
子弹笔记新书项目
印象笔记课程项目
搬家项目
育儿项目
任务层
课程大纲
收纳任务
游戏室规划
旅游任务
标签系统规划
课程行政
装潢资料

图的最下方是任务层，表示一则则笔记中独立的任务笔记、项目资料笔记。即使我遵守“一个任务、一则笔记”的整合原则，在我使用了十年的印象笔记之后，也累积了上万则这样的笔记。

我不担心这会使印象笔记变得杂乱，因为我会把任务层的笔记整合为项目层，也就是图中间那一层。

我会利用印象笔记的“标签”功能，把相关的任务笔记、资料笔记关联在一起，于是可以把一万多则任务、资料笔记归纳成为数量更少的“项目分类”。这一万多则我十年来执行过、准备执行的任务笔记，其实不过上百个项目分类而已。其中有很多是十年来已经完成的项目，有些是正在筹备中的项目，当下真正进行的项目可能只有二三十个。

仅仅把任务跟资料分类到一个项目里还不够，我还另外建立了一则管理笔记，我称它为这个项目的“项目管理目录主笔记”，也就是图中最上面那一层。

真正执行中的重要项目则只有 20 多个。

上万则笔记，归纳成 150 多个项目。

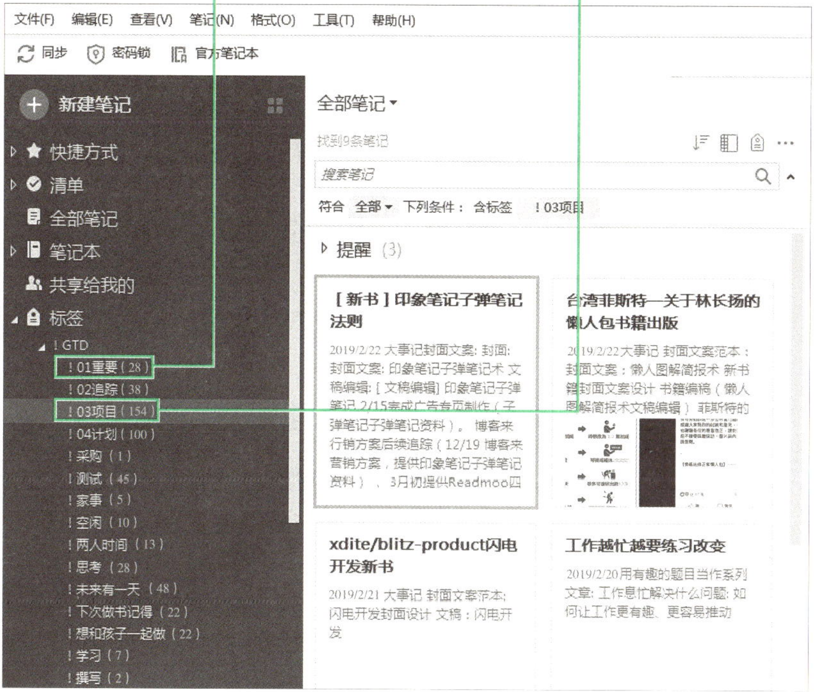

在专业目录笔记中，我利用印象笔记的“复制笔记链接”功能，把属于这个项目的每个任务笔记复制到项目目录主笔记中。

项目目录主笔记就像一本书的目录，而且这个目录具有超链接的功能。当我打开项目目录主笔记，就可以看到该项目的每个阶段流程，获得每个流程里需要执行的任务，或者执行时需要的资料。

我只要掌握每个项目的目录主笔记，就可以找到我需要的东西。

笔记虽然有上万则，但是通过一步步归类整理，实际上每天只要管理二十几则项目笔记，甚至通常只要管理五六则项目笔记，就能保证工作、生活按计划进行。

在本章节中，我们要介绍的就是如何利用印象笔记的具体功能，实现上述的时间管理系统。

4-2　巧用印象笔记的“标签”功能

在印象笔记中，如何把一则则的任务笔记分类项目呢？

分类听起来很简单，但为了解决分类里某个独特需求，我建议：

不应该用印象笔记中的“笔记本”功能进行项目分类，而是用“标签”功能来分类。

为什么？让我们一起来思考一下。

一个任务常常与多个项目有关

在分类时，我们常常会遇到一个问题，可能从没想过要怎样解决。

这个问题就是：一个资料、一个任务常常需要在多个项目、多种需求下使用到。

例如，家里只有一台吹风机，但有两间浴室，在 A 浴室洗完澡需要使用吹风机，在 B 浴室洗完澡当然也想使用吹风机。那么，这台吹风机放在哪一个浴室比较好呢？放在 A 浴室，在 B 浴室洗澡就不方便。买两台吹风机，又不是每天都会用得到。如果放在两个地点中间，不管在 A 浴室或 B 浴室，使用起来都不方便。

在工作项目、时间管理上，同样也会面临类似的分类难题。

我有一则任务笔记是——“子弹笔记方法测试”的心得，它是我关于印象笔记进行的实验、研究方法、调整技巧，然后获得的任务笔记。这则任务笔记可以用于我的印象子弹笔记课程中，作为课程大纲；也可以作为我计划写的新书《子弹笔记》的内容大纲。

问题来了，如果我要把这则笔记进行项目分类，把它分类到哪个项目呢？而且这两个项目是在同步进行中。

如果放在课程项目，我在执行写书项目时，要调用这则笔记就会很麻烦。

如果把笔记复制成两份，分别放进两个项目的资料夹呢？这样也存在问题，当我在进行课程构思时，修改了这则任务笔记的内容，那么它在新书项目里面的复制版笔记，就会变成旧版本，就需要花时间更新一下。

这样一来，笔记就会变得杂乱，版本也容易错乱，而且在实际执行工作时，很容易发生错误。

用印象笔记的“标签”功能进行多重项目分类

印象笔记的笔记本，或是传统资料夹的分类方法，不足之处在于只能“一个萝卜一个坑”。

如果把A任务资料放入甲项目资料夹中，当A任务也可以在乙项目中派上用场，那该怎么办呢？我们不能同时把一个笔记放入两个资料夹中。如果只能把笔记留在一个资料夹中，在执行另一个项目时，很有可能漏掉这个任务。

或者我复制成两则笔记，将这两则笔记分别放进两个资料夹，这样就会面临能否同步更新的问题！如果在甲项目里更新A笔记，但是乙项目的复制笔记无法随之更新，这样在执行乙项目时，就可能使用一个过期版本的内容，进而带来不必要的麻烦。

所以，在印象笔记中要把笔记分类为项目时，我不建议使用只能“一个萝卜一个坑”的笔记本，而要使用印象笔记的“标签”功能。

印象笔记的“标签”功能的优势在于，可以在一则任务笔记里同时标上多个标签！也就是说一则笔记可以加入多个项目。

我们过滤某个标签，就可以把包含在这个标签的所有笔记搜索出来。标签模式类似于在社交网络上发布信息时添加的“标签”。

在脸书（Facebook）、照片墙（Instagram）、推特（Twitter）、微博等平台上，很多人发信息时会再加上“#”（话题符号），例如写了一段去台北 101 看烟火的心得，在文字信息上加：# 台北 101#、# 劳瑞斯牛排 #、# 新年烟火 #。这个用法就是标签，把这则信息加入上述标签，搜寻这些标签时，就可以看到你的信息。其实这就是一种信息分类。

如何在印象笔记上使用标签分类

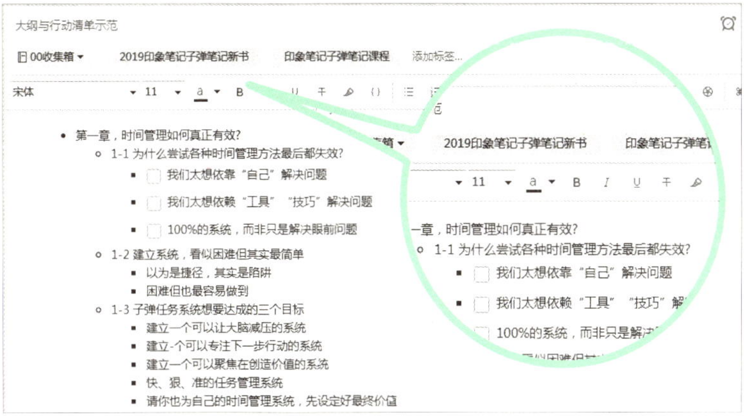

在印象笔记电脑端的标签列，可以自由添加多个标签。这则任务笔记属于哪几个项目，就把相应项目的标签添加上去。

在手机的印象笔记 App，找到“标签”专属的图标，也可以在笔记中添加项目的标签。
2
[文稿编辑] 印象笔记子弹笔记
01工作任务
暂定书名:大脑减压的子弹笔记术:用印象笔记打造快狠准任务整理系统
母目录: [新书]印象笔记 子弹笔记法则
参考: 2019/1/9 Evernote子弹笔记三小时课程
2019/1/9 印象笔记子弹笔记术
Google简报：已修改2019/2/21
前页:书名页、序、目录（6p）
后页:版权页（1p）
提供模板下载的说明页（1p）
平均一章 10000字可以排27页
目前调整后
中标24级
小棵14级
选择标签
添加标签...
! 01重要
! 02追踪
! 03项目
! 04计划
! 采购
! 测试
! 家事
! 空闲
! 两人时间
! 思考
! 未来有一天
取消
好

如何在印象笔记中过滤标签分类？

当在任务笔记中加上标签后，印象笔记软件就会出现像图中左方的“标签清单”，点击选择某个标签，就能看到分类里的所有笔记。或者你可以直接搜索标签名称，也能找出相关笔记。

如何命名项目标签？

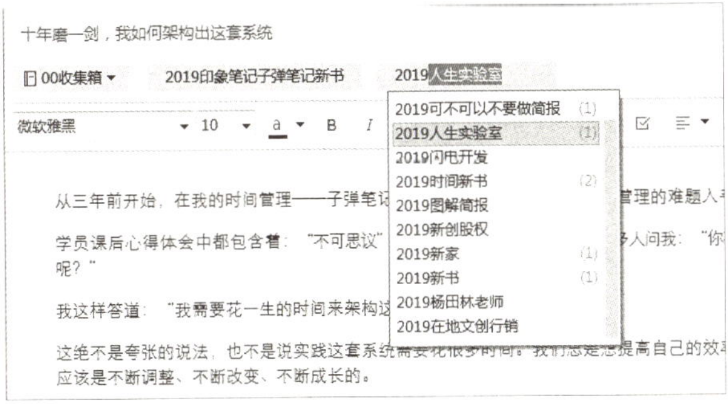

用标签来分类项目，标签名称自然是以项目名称来命名。不过可以加上一个小技巧，就是用项目“年份”作为开头，这样当为任务笔记添加标签时，只要输入年份，就可以列出该年所有的项目标签，不用自己重新输入（因为人为容易输入错误，造成标签重复）。

4-3 会用印象笔记“复制笔记链接”功能安排目标流程

在上一节，我们利用“标签”使任务笔记的分类变得更有弹性、更自由，我们不必再烦恼哪个任务应该放到哪个专门的分类，而是这个任务与哪些项目有关，我们就把它用标签分类到哪个项目上。当我们打开那个项目的标签分类，就会看到我们需要的笔记。

但这样的做法还存在一个问题，虽然笔记都会出现在它所属的项目分类中，但一个大型项目常常会有数十则，甚至上百则的任务笔记。

例如，一个旅行的项目，可能有订旅馆、安排行程、订机票、购物清单、想参观的景点、预订餐厅、旅游心得、记账等任务笔记。

当我们打开这个旅游项目的分类标签时，可能看到的是五六十则笔记资料，怎样快速找到当下需要的笔记呢？

每个项目一则项目管理目录主笔记

如果正在旅途中，我要搭公交车到下一个景点，要尽快找到最初规划好的公交车任务笔记。结果打开这个项目标签分类，却有七八十则的笔记资料，难道我要从开始的笔记标题、预览文字查找，直至找出那一则公交车任务笔记吗？这样一定很麻烦、很浪费时间，任务笔记确实在某个位置，但是我无法快速找到它。

面对这种情况，如何进一步整理呢？是不是要做更进一步的分类呢？

我不建议再进行更多层级的分类，因为分类层级太多，就像计算机硬盘里十几层的文件夹一样，每次想要找到一个文件需要打开好几层的文件夹，我认为这是一个很花时间的做法。

所以，我建议建立好项目的分类标签，这就是我们最后一层的分类整理。接下来，我们要利用印象笔记的“复制－复制笔记链接”功能，建立每个项目的目录，我把这个目录称为“项目管理的目录主笔记”。

我们为每个项目建立一则项目目录主笔记，日后我们只要在项目目录主笔记上进行管理就可以了。就像我们阅读一本书，先看目录页，找出想看的章节在哪一页，然后直接翻到那页，不需要一页页查找。

案例：如何用目录主笔记管理项目？

以旅游项目来说，虽然里面有七八十则不同的任务笔记，但只要建立一则旅游目录管理笔记，就可以轻松地掌控它。

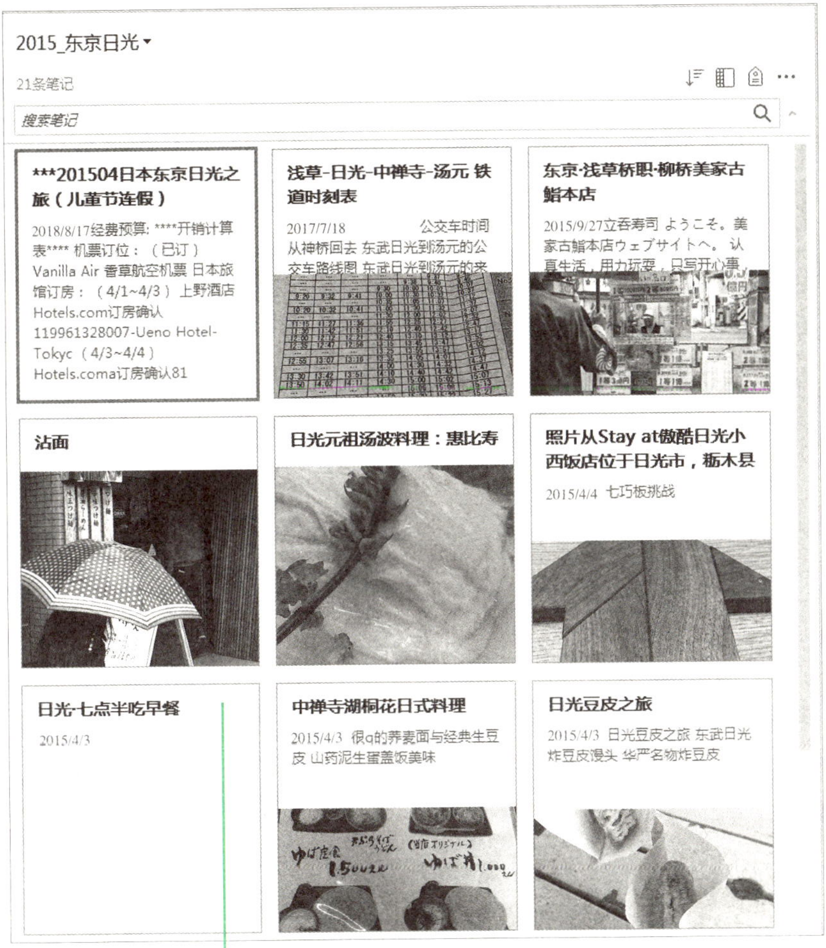

打开某个旅游项目标签，可以看到这次旅行需要的各种任务笔记，但我们不要在这堆资料里面去行动，这样不一定有效率。

我会建立一则这样的旅行项目目录笔记。里面每一条笔记链接，都会链到这次旅行需要的笔记。

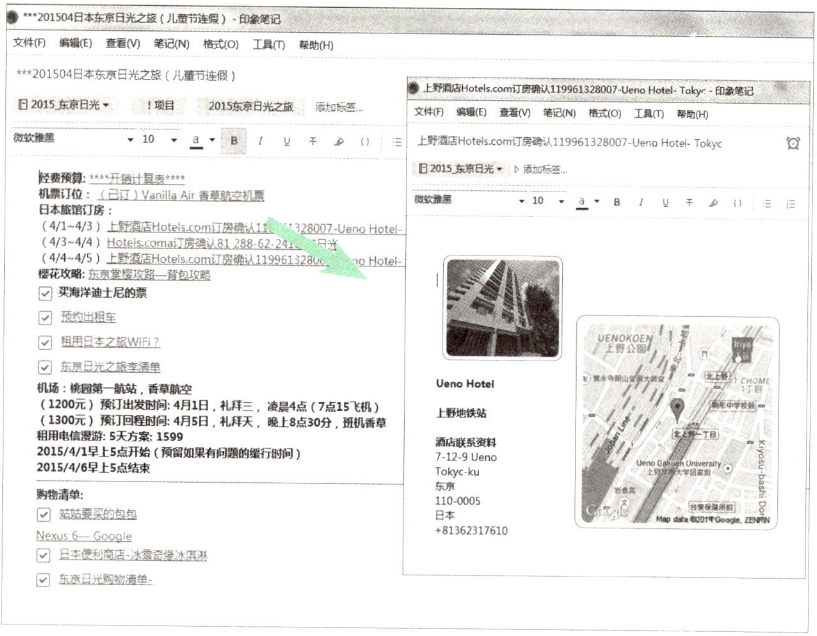

于是我把机票、旅馆的任务笔记，链接到这个旅行项目目录笔记的开头，并且剪贴了关键信息，因为这是旅行中最常查找的。

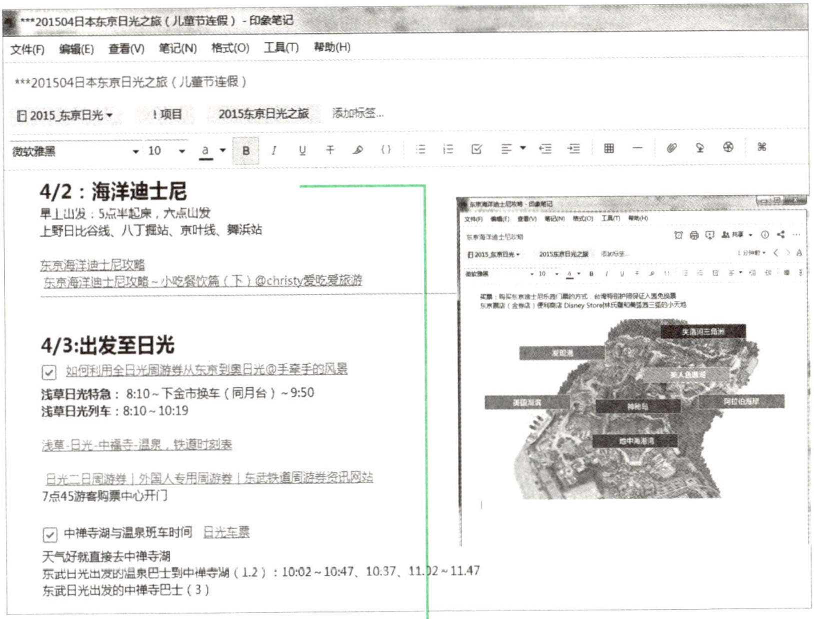

我在旅行项目目录笔记中，排出这次旅行的行程表，每天要前往哪些地点，这时候如果需要参考哪些交通地点笔记同样链接进来。这样一来，是不是我只要看到这则项目目录笔记，照着目录上的规划行动，就很方便呢？

如何建立复制笔记链接？

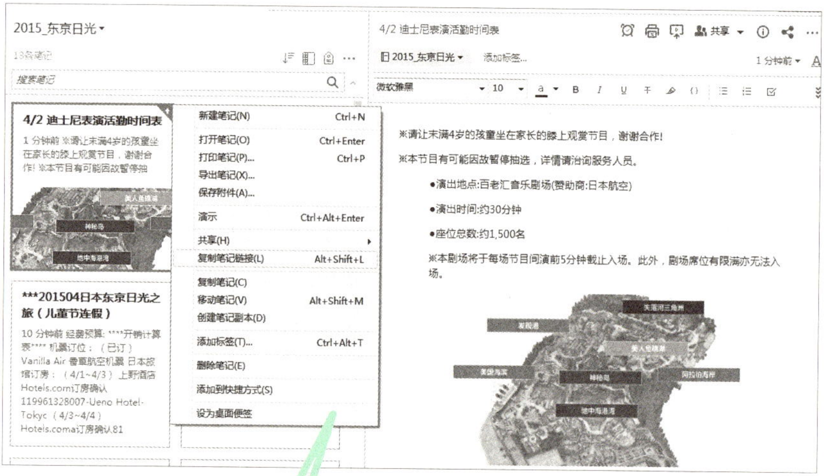

建立复制笔记链接的方法很简单，在电脑版印象笔记中，只要在记事清单的某则记事上点击右键，选择“复制－复制笔记链接”。然后到另外一则笔记中，插入想要复制笔记链接的位置直接贴上即可。

如何快速建立大量笔记的目录链接？

下面是我育儿项目中的一则目录主笔记。在育儿项目中的宝宝日记、副食品食谱、婴儿器材，虽然都是不同的笔记，但在这则“育儿项目目录主笔记”中有复制笔记链接，我只要照着目录，就可以找到所有资料。

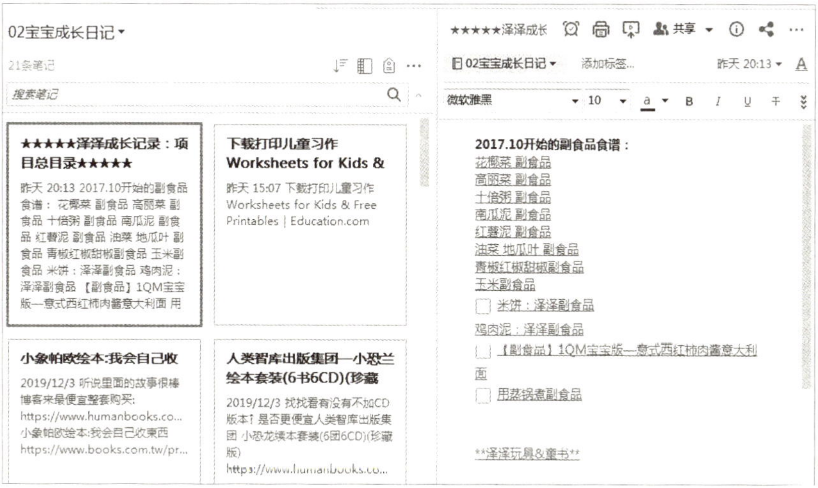

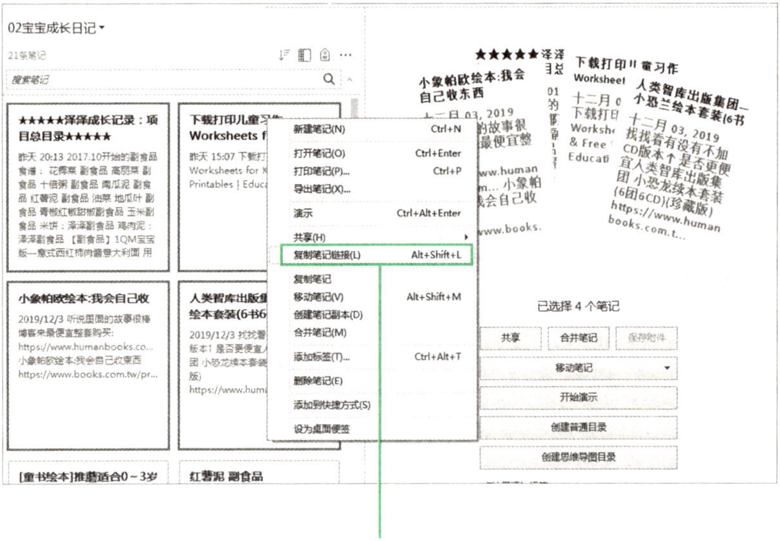

如果一次要建立多则笔记的复制笔记链接，你可以这样做：在电脑版的印象笔记中，按住键盘上的“Ctrl”键，就可以用鼠标一次选择多则笔记，在多选笔记的任何一则上点击右键，选择“复制笔记链接”，就可以一次复制贴上多则笔记的超链接了。

4-4　如何处理项目的参考资料?

通过前面的两个功能与应用，我们将大量的子弹任务笔记，从项目的角度重新做了整理与归纳。

我们把每个任务笔记利用标签，把它关联到与之相关的项目目标上。这样在浏览任何项目时，都可以快速看到我需要的任务笔记。

更进一步，在每个项目标签分类中，再建立一则项目管理的目录主笔记，通过印象笔记的复制笔记链接功能，在项目目录笔记中以目录的概念，做好目录的分类，项目里的任务与资料就在那则项目主笔记中建立目录。目录会链接到每一则笔记，这样真正在执行项目时，不管它是生活上的项目，还是工作上的项目，只要查看项目的目录主笔记，就可以找到所需的内容。

把资料放入系统中真正要用到的位置上

我们用时间管理的方式架构印象笔记，所以我们聚焦的是如何拆解任务笔记、如何分类任务笔记、如何给任务笔记建立目录等。但是，在项目执行的过程中，一定会出现一些新的资料，如何处理这些资料呢？

例如，要写一篇文章，可能会查看一些网页、阅读一些书籍，这些资料要不要纳入印象笔记的任务管理系统中进行管理呢？当然要。

在规划一个旅游项目时，除了需要规划行动的任务外，也可能需要一些介绍当地景点的文章，这些参考资料要不要也放入印象笔记的任务管理系统进行管理呢？当然要。

特别是这些资料性内容，不一定可以直接剪贴到任务笔记中，这可能会让那则任务笔记变得庞大而难以编辑。同一份资料需要在不同任务里使用，将资料剪贴到特定任务笔记的过程中也会出现问题。

这时候该怎么做呢？利用印象笔记的管理系统，可以建立一个系统管理工作流程。

- 第一步，善用印象笔记中的剪贴功能，快速把资料丢入印象笔记的管理系统中。（印象笔记的剪贴功能，可以参考我的另一本著作——《印象笔记：100个做笔记的好方法》。）

- 第二步，剪贴资料时，思考这则资料会在哪些项目中使用？然后加上相应的项目标签，只要日后打开那个项目分类，就会看到这份资料。

- 第三步，利用复制笔记链接功能，把剪贴的资料链接到任务笔记的某一个行动上，或者链接到项目管理的目录主笔记的某个清单上。

善用印象笔记的快速剪贴、快速标签以及链接整理的功能，把这些资料内容放进系统后，就不会一团混乱。当我们需要它时，就可以快速看到、找到并使用。

关键在于，我们必须把需要的资料排入系统中，放入系统中预先安排好的、用得到的资料位置上。

只有建立一套这样的逻辑结构系统，才是一个更轻松、更准确的管理方法。

建立一则资料笔记时，我会思考这是哪些项目用得到的，然后添加这些项目的标签，放入相应项目的分类中。

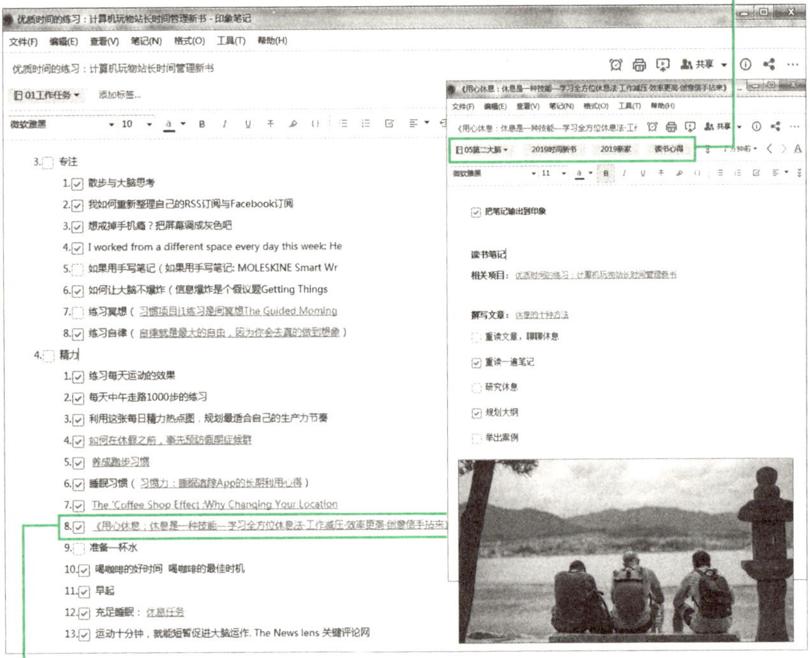

接着打开项目的目录主笔记，看看这则资料应该放入项目流程的哪个位置，在哪个步骤用得到，就把复制笔记链接插入相应的位置。

第五章

如何让项目系统没有遗漏？

5-1 “排程”让任务、行动出现在该出现的位置

经过前四章的练习，我们已经建立了一个聚焦在项目上，从项目视角管理所有庞杂的任务和行动的系统。

就像我前面提到的，即便印象笔记中有一万多则的笔记，只要经过不断地归纳整理，我就知道系统中我真正需要掌控的，只是目前正在推进的二十多则项目目录主笔记而已。

从一万多则笔记，精简到二十几则。这个系统可以有效地帮助我们掌控自己的任务，真正有效地推进目标，帮助大脑减压。

接下来，让我们继续完善这个系统，再做一点改进，使它成为一个不会有遗漏的时间管理系统。

你一定会看到的行动位置

在第二章中提到时间管理系统需要“排程”功能，在这章我们就来实践一下。

在每一个项目里，有非常多需要完成的任务与行动，同一时间常常进行着多个项目。在这种情况下，如何确保自己不会漏掉某一个可能要做的行动呢？最好的提醒方式就是把这个行动摆在做到某步骤，我们一定会看到它的位置。

一定会看某个行动的相应位置是哪里呢？其实很简单，在系统里项目目录主笔记排出来的，就是属于那个行动的最佳位置。

因为我们会按照项目目录主笔记推进每一个项目，当我们一步步地完成原本设定好的行动后，完成前面的行动，自然就会在流程清单上看到下一个要做的行动，这就是排程的作用。

我们要做的很简单，主要有两个步骤：

- 第一步，不只是建立项目目录主笔记，而是进一步调整目录顺序，也就是你推进这个项目中各个任务的前后顺序。

- 第二步，有任何新的任务、行动出现时，不要随意把它放在某个位置，而是把这个新出现的任务和行动，插入原有的项目目录主笔记，以及目录排程中它真正应该出现的位置上。

排程就是这么简单，最关键的就是必须要把项目的位置确认好。

就像居家整理时，如果设定好所有物品摆放的位置，当看到新的物品出现，或是不小心被乱丢的物品，我立即就能知道它应该被整理到哪个位置，而且日后一定会在那个地方找到它，这样房间就不容易变得杂乱。

时间管理也是同样的道理。我们建立系统，首先要把位置设定好，让项目有一个项目目录主笔记，上面就是所有任务、行动应该出现的位置。当设定好这个架构后，任何新的任务和行动出现时，我们只要把它放入项目目录主笔记的正确位置上即可。

这样，就不用担心忘记要做的事情，只要按照排程行动就可以。

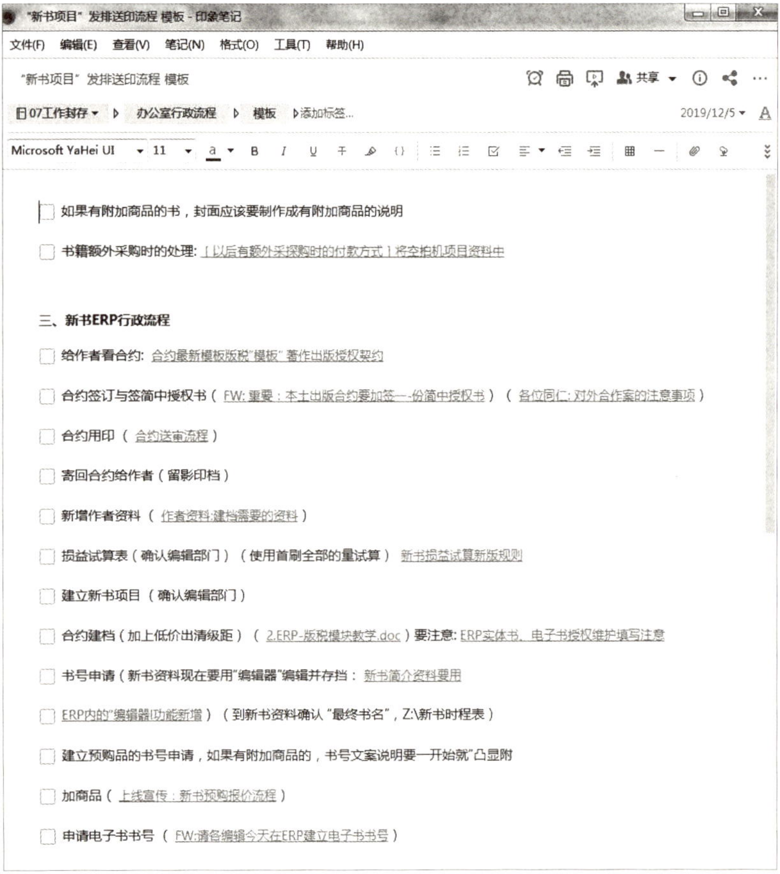

我的工作项目上有许多行政步骤，在项目的目录主笔记上，我会排出每一个行政任务的流程清单，每个项目的后面链接到那个行政任务的任务笔记。这样一来，即使行政流程再烦琐，按照这个流程清单，一步一步把它做好，我也不会担心遗漏了哪个步骤。

我也建立了一个搬家项目的目录主笔记，搬家所有需要的任务、行动流程都会出现在主笔记的排序中，就算有什么临时的任务出现，例如突然需要买一个什么家具，我就把它列入项目排程中该处的位置上，这样可以大幅地卸下压力。

5-2 为笔记加上真正有效的“时间提醒”

建立好排程的项目管理系统后，还可以补上时间管理工具中常见的时间提醒功能。

有些事情需要在某个特定的时间开始做，有些事情需要在特定时间内完成，这些事情不需要现在开始做，但需要在恰当的时间提醒我们去行动。

不要指望大脑按时提醒我们做某事，我们必须依靠一个外在的时间提醒系统。

与大多数的时间管理工具一样，印象笔记也有时间提醒功能，可以为每则任务笔记设定时间提醒。

什么样的时间提醒才是有效的?

我们前面提到过，大多数时间提醒是无效的。尤其是几点几分要做什么事情的时间提醒，失效的可能性更大。举例来说，我想提醒自己明天下午两点写文章，将写文章的任务安排到印象笔记中，然后在明天下午两点弹出通知。这样设置的提醒之所以无效，是因为我不确定明天下午两点是否有时间完成写文章这件事情。

那什么样的时间提醒是有效的?

假设六月一号我要举办一堂时间管理课程，然后我建立了一则时间管理课程的任务笔记，拆解出准备这个课程的十几个行动，我预计需要两周来执行这些行动。于是我在这则时间管理课程的任务笔记中，设定了一个五月十五号的提醒。

在五月十五号时，印象笔记就会弹出来提醒我，我该开始采取这个任务里的某些行动了!

在这样的提醒下，让我有更充裕的时间慢慢安排行动。这个提醒不是让我当下去做某件事情，它的主要目的是告诉我有一件要做的任务，根据之前的任务拆解，必须现在开始它的准备行动，这样在课程开始前，我可以更轻松地按时完成这个任务和项目。

有效的时间提醒不是提醒当下要做什么，而是在什么时间点应该开始做准备的提醒！

在印象笔记的上方，你可以找到明显的“时间提醒”按钮，点击这个按钮，就可以设定一个提醒日期与时间。

建议设定的时间提醒，就是决定这个任务笔记“应该什么时候开始准备”，然后把准备时间变成提醒时间。

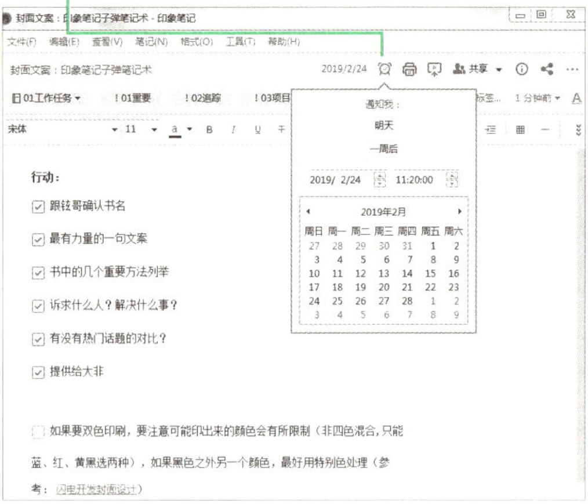

印象笔记时间提醒最棒的设计，是它不会弹出通知，而是当任务笔记的提醒到期后，在印象笔记的记事清单上方，会出现一排“提醒事项”的清单，所有到期的任务笔记都出现在这份清单上。这就告诉我，这些任务是我现在就要开始采取行动、要准备的了。

5-3 这是一个什么样的项目管理流程？

现在，我们已经在印象笔记中，建立了一个非常严谨且相对容易掌控的时间管理系统！

让我们来回顾一下，开始建构这个系统时，我画了一张管理系统的流程图，现在我们已经把这个流程图中的每个环节都建构完成了！

最终，这个项目管理系统架构出如下的工作流程。

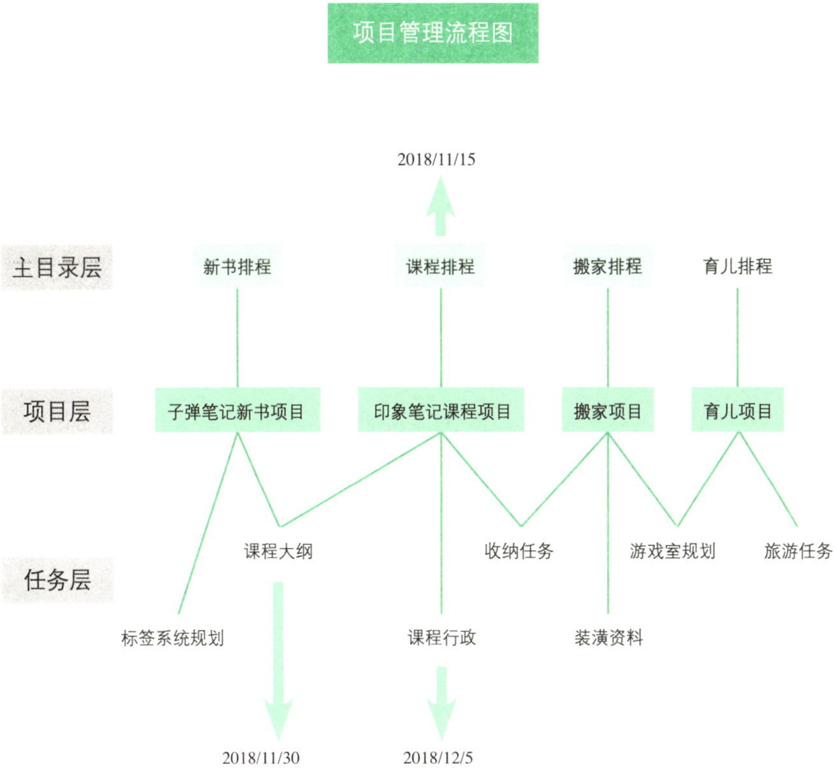
项目管理流程图
2018/11/15
主目录层
新书排程
课程排程
搬家排程
育儿排程
项目层
子弹笔记新书项目
印象笔记课程项目
搬家项目
育儿项目
任务层
课程大纲
收纳任务
游戏室规划
旅游任务
标签系统规划
课程行政
装潢资料
2018/11/30
2018/12/5

每天打开这个时间管理系统，看到的不是最底层大量的任务、行动或资料，而是系统最顶端少数聚焦的项目目录主笔记。

我不必担心除此之外的其他任务，因为我知道系统建构得很完整，很少出现漏洞，所以我只需关注这几则项目目录主笔记，事情就能没有遗漏、相对顺利地进行下去。即便漏掉一些事情，也是可以补救的，所以它们才没有出现在最重要的项目目录主笔记上。

有时，我会提前设置好时间提醒，当到了需要提醒的时间点，系统会告诉我现在应该推进哪个项目的动作、应开展哪个任务的相关行动。并且系统会帮我预留出充裕的时间，主动告诉我现在应该执行哪些行动。

所以，我要做的很简单，就是每天打开系统，执行系统最顶端推送到我眼前的那些少数聚焦的项目、任务与行动。

第六章

如何优化时间管理系统

6-1 我们可以掌控的是目标选择与时间情境

经过前五章，我们已经打造了一套像金字塔一样的项目管理系统，并把任务逐一安排到这个系统中，建立了一套相对自动化的流程，可以帮助我们把需要做的事情，以类似流程的设计自动呈现在我们眼前，让我们专注地聚焦并推动真正要做的行动。

现在，这个系统还有哪里可以优化呢?

让我们回到时间管理的基本观念，我们想做、要做、该做的事情，在我们真正可以支配的时间内永远做不完。所以，任何时间管理系统都不是把事情排列上就完成了，最终还是要做出自己的选择。

事实上，现实的环境是不可控的，我们不能完全控制出现多少数量的项目和任务，有些意外情况我们也无法掌控。在一个更高阶的时间管理系统中，我们要做的不是管理那些项目、任务和行动，而是学习如何做出选择。

真正可以掌控的是什么？从处理一件琐事的图来看，真正可以掌控的只有两件事。

- 第一件事，为自己勇敢做出目标选择。
- 第二件事，在各种时间或情境下，决定采取什么行动。

无论项目、任务多么混乱，执行过程中出现多少意外，最终所有的事情归结到我这个执行者身上时，我能做的就是做出目标选择，以及时间情境选择。

时间管理的真正价值其实不是排出完美的时间表，而是一句很简单的话：“在这个时间做最适合做的事，并且逐步完成自己的目标。”

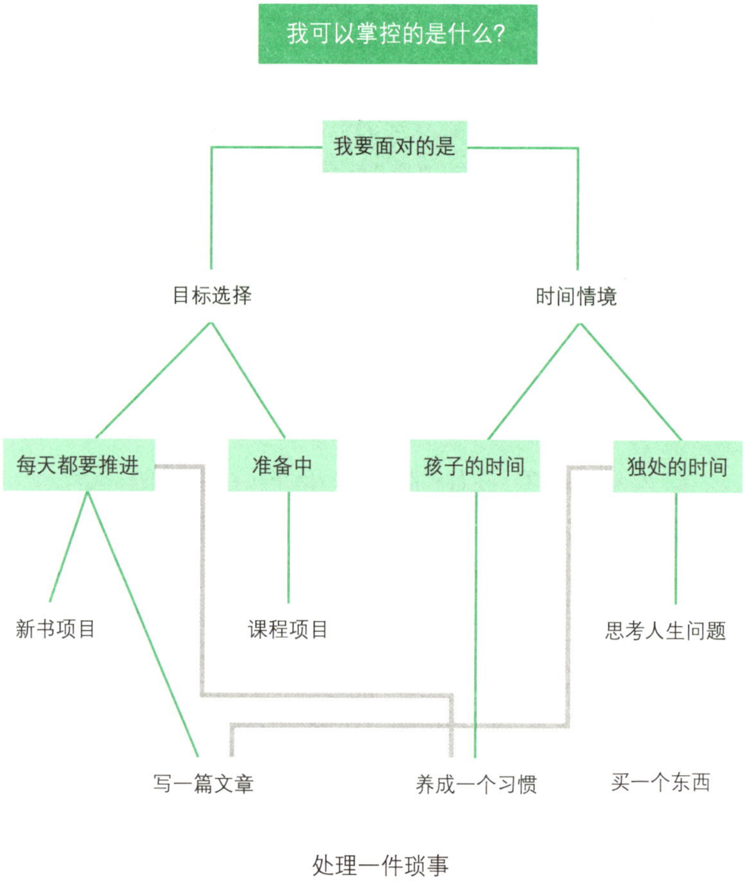

时间管理系统其实是一个自我选择的系统，在下章我将搭配印象笔记的功能，尝试让这个系统帮我做出选择。

6-2　真正需要整理的是：哪些是重要的以及如何行动

在上一节我们提到，在时间管理系统的最后阶段，我们真正要做的整理就是两种选择：

- 第一种，选择什么是重要的。
- 第二种，选择我现在应该如何行动。

回顾整理管理任务，一个最有效的项目管理不只是进行分类，也不是排程完就结束了，而是继续延伸可以帮我们做出上述两种选择。

接下来，我举两个自己利用印象笔记建构时间管理系统的例子，向大家示范一下，如何进行重要性选择以及行动选择。

如何选择重要的有效目标?

我们常常很难判断事情重要与否，关键在于我们没有把“重要”作为一种进度流程来思考。

假设手头上有两个项目，一个项目处于跟客户讨论想法的阶段，另外一个项目产品正在紧锣密鼓地制作中。那么，这两个项目哪个比较重要呢？对我而言，这个正在制作的项目是相对重要的目标选择。

如果从进度流程的角度来思考，那么判断重要性会变成一件相对简单的事情。

在印象笔记中，可以用进度流程来管理项目任务吗？答案是：可以的。

我有一套叫“购物欲望清单”的笔记。首先，我把所有想买的东西建立了一则则任务笔记。接着，我利用印象笔记的标签功能，设计出三个进度流程标签。

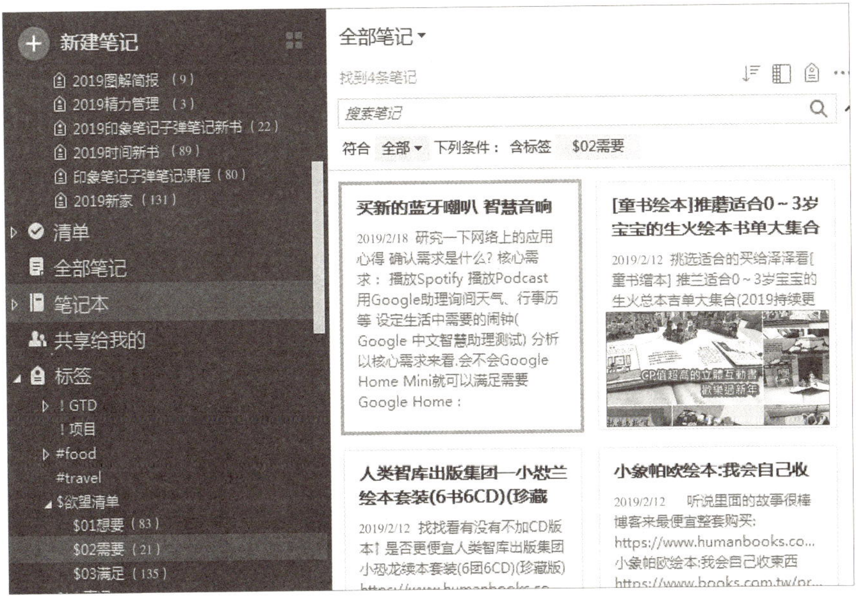

- 第一个进度叫作：想要，表示这个购物任务还处于我评估判断的阶段，我还在思考产品的优缺点，以及我的需求点。

- 第二个进度叫作：需要，表示这个购物任务已经进入了我确认要购买的阶段，只是等待一个合适的购买时机，比如我想奖励自己的时候。

- 第三个进度叫作：满足，表示我已经完成购买，我需要检验一下这个购买的东西是否实用，有哪些使用心得。下次购买同类商品时如何判断？

当我为购物清单做出上述的流程判断，我就更清楚地选择对我来说重要的东西。当我想奖励自己时，直接打开“需要标签”，购买那些我已经判断好、真正值得购买的东西。

另一方面，放在“想要”标签的那些笔记，我可以暂时放下购买它们的想法，偶尔看一下，思考这个东西是否值得购买。如果判断为不值得，就可以删除这则任务笔记；如果判断为值得，就去掉“想要”的标签，换上“需要”的标签。等到真正要买东西时，就可以购买这些真正判断为重要的东西。

其实，这就是用进度思考代替重要性思考。

如何让自己在恰当的时候推进相应的任务？

所谓“恰当的时候”，指的不是时间，而是指在恰当情境下适合做什么事情。

我将通过自己的亲身经历，告诉大家如何利用印象笔记的标签功能，设计出选择情境，帮助我们把生活中的某个项目处理得更好。

我收集了非常多的餐厅笔记，希望跟妻子约会、带孩子外出就餐时，可以享受更多美食。

这个项目是通过前面系统的整体逻辑，整理好了项目、任务、行动的层次，接下来我要做的是最终的选择判断：在什么时候，我带妻子和孩子去哪家餐厅吃饭？

所以，我在印象笔记的标签系统中，建立了如下标签（只列出部分进行解释）：

- 重要日子值得再去的亲子餐厅——牛排馆

这样的标签分类，看似没有逻辑，但其实有我为它设定的逻辑，那就是——我要如何采取行动？

在进行这个标签分类时，我思考的不是餐厅本身的特点，而是我要在什么情境下采取什么行动。

- 在我和妻子的重要记念日时，可以去哪些有纪念意义的餐厅吃饭?
- 和朋友聚餐时，有哪些餐厅可以推荐给他们?
- 周末带孩子出游时，可以选择吃什么?

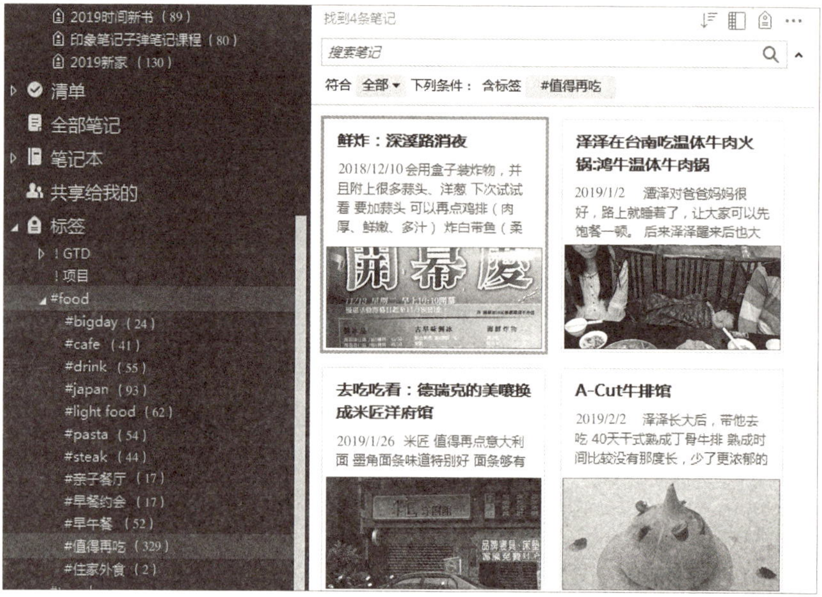

- 我和妻子都非常喜欢吃牛排，有哪些牛排餐厅我们还没有尝试过，等下次外出就餐时可以品尝？

我先思考清楚行动的逻辑，然后再利用行动的逻辑设计出分类标签。

这样设计好的标签，不是一个个单纯的分类，可以指导我该如何行动。

6-3 情境标签一：建立工作流程，优先权重与进度

有时，我们排出如下的时间表：上午十点写文章；上午十一点写策划案；下午两点走报表流程；下午四点制作简报。结果常常计划赶不上变化，我们永远无法按照时间表执行，这是哪里出了问题呢？

时间表原本就充满了变动的可能性。原以为上午十点可以写文章，客户却打来电话，写文章的想法与心情都泡汤了。当一个时间点的安排变动后，接下来的时间计划也会跟着变动，于是变成无法按照时间表执行的计划，甚至最后感觉一团混乱，什么计划都没完成。

除了一定要在某个时间与地点执行的会议、约会，例如上午十一点开会，或是买了下午四点的电影票，其他任务都不适合用时间表来安排。

最好的行动是根据情境来选择

安排了计划却变成打击自己、制造混乱，因为时间表背后的情境总是发生变化，本来安排好某段时间要做某事，可能情境不是我们预想的，于是在不适合的情境下就不想做事、无法做事，或是做事效率低。

那要怎么解决呢？方法就是：不要让自己根据时间来行动，而是根据情境来行动。

让自己在合适的情境下，优先做适合的事情，这样动力最大，效率也最高。

在印象笔记中，建构的子弹任务管理系统，如果我们想要做出有效的重要目标选择，以及有效的行动情境选择，可以善用印象笔记的“标签”功能。

利用印象笔记的“标签”功能，为自己的时间管理系统设计出各种不同的情境。

案例：如何设计项目选择的情境标签？

首先，我们可以为时间管理系统设计目标选择的进度标签，帮助我们快速过滤出每天应该看到的目标位置。

接下来，我跟大家分享具体的做法，设计出我们需要的目标管理情境标签。

以我的工作来说，项目分为三种进度，我分别设计了：重要、追踪、计划三个进度标签。

重要标签，最近几个月就要到截止日期的项目，或是目前这个阶段对我来说最重要的项目，我就把这些项目笔记，加上重要标签。

这样做的好处是，我每天只要打开重要标签，里面的项目就是我真正应该聚焦的项目。换句话说，我只要完成重要标签里面的任务笔记，就能掌控我的工作进度。

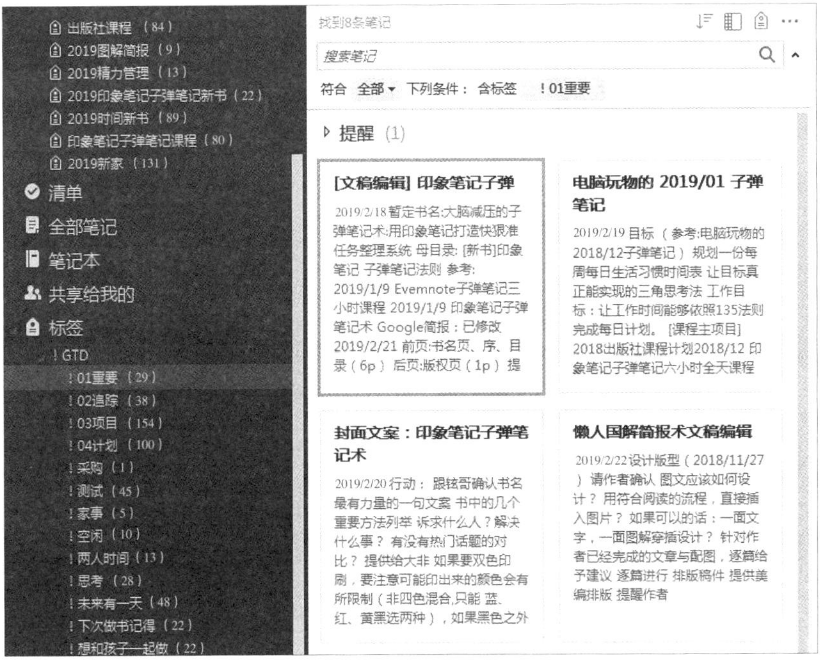

为什么我重要标签里的笔记，只有二十几则呢？这就要归功于前面的整理系统，加上重要标签的，一定是某个项目的“项目管理目录主笔记”。

以少驭多，在少数项目中，把真正重要的项目加上标签来判别，那么，我们就能快速聚焦在有效的目标上。

计划标签：项目还没开展实施，处于构思阶段。有些项目处在准备中，还没排出真正可实施的项目进度排程。这些项目我就加上计划标签。

需要偶尔推动一下这些项目的进度，由于它们处于计划中，不需要每天都关注，也不需要花费很大的精力，所以就把这些项目加上计划标签，提醒我偶尔关注一下，看能否推进一些准备的进度。

追踪标签：有些项目已经完成了，但需要偶尔追踪一下后续的效益、成果，这是我的工作必要的管理流程，我就把这些任务笔记和项目笔记加上追踪标签。

对于这些项目，没有特定的时间要求，是我自己觉得有必要隔一段时间回顾一下。这个追踪标签提醒我隔一段时间，可能几周，或是一两个月，回顾一下里面的内容，看有没有需要完善的任务。

案例：如何设计写作项目的情境标签？

坚持在博客写作是我十多年来的个人目标，我为这个写作项目设计了三种情境标签，分别是：测试、思考、撰写。

在印象笔记中，我收集了非常多想写的文章题材，每一则文章笔记都是独立的写作任务，这些写作任务之间存在情境、进度的差别。

什么是测试标签？有些写作任务，包含一个想测试的工具或方法，要进行测试就必须先有用来测试的时间与情境。

什么是思考标签？有些写作任务，是我正在构思的某个方法论的难题，或是正在构思的某种工作问题解法，这些任务需要在适合思考的情境下，想出解决这些难题的方法。

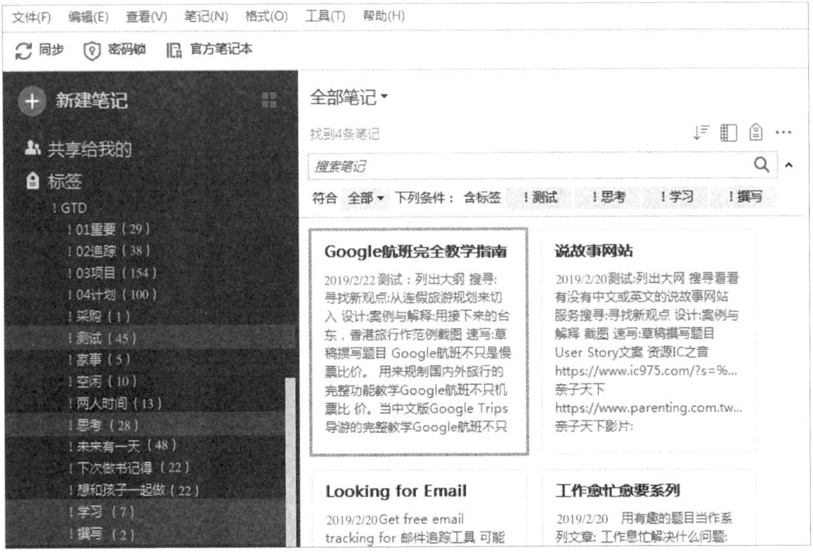

什么是撰写标签？写作任务前的准备工作已大致完成，可能已经完成工具或方法的测试，甚至已经按照大致的流程，把思路梳理通顺，此时这些写作任务已进入最后撰写完成的阶段。

我把上述三种目标选择的情境，设计成测试、思考、撰写三个标签。根据写作任务的具体情况，加上合适的标签，以便帮我做出有效的判断。

当我乘车时，适合动脑思考，这时我就打开思考标签，看哪些写作任务适合思考。

当我在咖啡馆时，可以很方便地使用笔记本电脑，那就进行一些需要操作的测试，我打开测试标签，把需要测试的工具、方法的任务，在这个情境下测试起来。

到了每天撰写文章的时间，我要写哪篇文章呢？这时，我打开撰写标签，就可以看到哪些文章接近完成了。我可以一鼓作气地完成这个任务，为每一天创造更多真正完成的成果。

6-4 情境标签二：设计你的空闲时间与行动情境

虽然你无法计划空闲时间，但可以设计它！

感觉无法掌控时间，想实现的计划没有进展，无法协调好工作、家庭与个人时间，并且常常为假日、夜晚的时间不知不觉流逝而懊悔。

如果你有上述困扰，可以试试下面的解决方法：

- 掌控几种基本情境的安排方法。
- 不满足于现状，可以尝试把目标选择放入项目流程中。
- 时间不知不觉地流逝，更应该提前设定好利用时间的方式。

每天可能都会出现一些意外或变动，例如我今天上午九点才吃早餐，而平时早上七点准时用餐。“每天吃早餐”这个情境是相对稳定，是可以由我掌控的。

我们无法排出精细、稳定的时间表，但可以规划好基本的生活与工作流程。对生活、工作感到不满意、迷茫，可能是因为我们并没有把真正的目标设计在这些空闲时间中。

于是当出现空闲时间时，我们可能想不起应该优先做什么，就会把时间浪费在一些不重要的事情上。

要想真正实现计划，就要把计划真正落实在我们每天的空闲时间中，利用这些时间执行。

规划的方法有三个重点：

- 掌控好自己生活、工作的基本流程与情境。
- 把目标设计在流程与情境中。

- 对于一定会出现的流程与情境，规划好利用时间的方式。

我按照这样的想法，在印象笔记中利用标签设计出可以利用的情境空当。

第一步，列出日常生活中的情境清单

不是对 24 小时进行规划，而是从真实出现的各种情境作规划。我仔细思考后，将自己的日常生活归纳出以下几种情境。

- 早起时刻（通常只有我一个人）。
- 早餐时间（通常和妻子两人约会）。
- 工作（正常上班时间）。
- 午休（中午用餐与自己可以利用的时间）。
- 通勤（乘坐交通工具也是自己可以利用的时间）。
- 晚餐（回家与妻子、孩子用餐的时间）。

- 家人（陪伴家人的时间）。
- 睡前（孩子入睡后的时间）。

这些情境出现的时间可能每天有变动，但基本上是日常出现的固定情境，甚至它们出现的顺序也有规律。

你的日常情境，当然与我的不同。但你可以通过上述思考方法，设计出自己的情境流程表。

第二步，把空闲情境结合目标，设计出情境标签

通过上述的规划与思考，我归纳出自己在生活中可以利用的空闲情境。接着，我会把它与我的长期目标结合，设计出专用情境标签，供大家参考。

“个人空闲”情境，放入我一个人空闲时间出现时想做的任务。当这种情境出现时，打开“个人空闲”情境标签，我就知道优先执行的任务。

“两人时间”情境，放入我想和妻子一起看的电影、讨

论的话题。当“两人时间”情境出现时，我就可以优先执行这些任务。

“想和孩子一起做”情境，把想要带孩子一起去餐厅、游乐园，想跟孩子一起读书，想跟孩子一起练习的事情，放入这个任务情境中。当出现合适的情境时，可以优先执行这样的任务。

我们很难为上述的任务安排明确的时间，但可以安排好情境，当遇到合适的情境，就可以做最适合的事。

6-5 利用印象笔记建立任务的“自动透视”

当我们建立了前面的情境标签系统后，还可以进一步利用印象笔记的“搜索”功能，快速搜索出在某类情境下可以执行的相关任务。

“透视”功能可以理解为检查工作的“不同视野”。自动透视，就是自动地帮助我们切换所需的不同工作视野。

利用“透视”功能，我可以做到：

- 筛选出当天在工作中可以执行的下一步行动。
- 筛选出休闲时可以做的事。
- 筛选出可以立即进行的写作任务。

聚焦在某个情境、某个需求下需要完成的任务，使其他任务暂时先隐藏起来。这就是不同的工作视野，也就是“透视”。这也有助于专注于深度工作。

在印象笔记中，就可以设计出自己想要的“透视”效果。

在公司，我应该优先执行的任务

我将在公司里需要执行的任务笔记，统一放在“01 工作任务”这个笔记本中，对于某些特别重要的任务笔记，还设定了“!01 重要”“!02 追踪”“!04 计划”等标签，来标注不同的层级和流程。

所以，我只要利用下面这个搜索语法，就能找到在工作任务笔记本中，进入重要、追踪、计划（其中之一）等工作流程的那几则笔记。而其他次要或参考资料的笔记，就会被过滤掉，不会成为干扰。

notebook:01 工作任务 any:tag:!01 重要
tag:!02 追踪 tag:!04 计划

我把这个搜索语法储存下来，命名为“办公室优先任务”，并把它放入印象笔记的快捷工作栏中。

这样我每天进入办公室，打开这个“透视”，就不用担心漏掉某个项目进程中的关键工作。

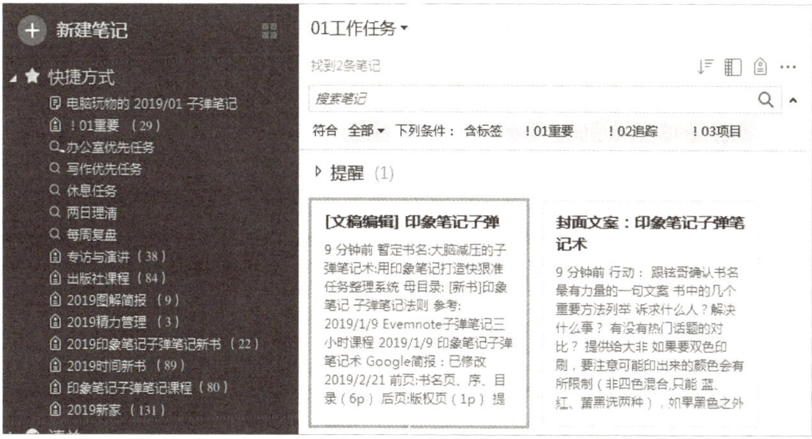

在适合思考的情境，快速聚焦可以使用的写作素材

我在印象笔记中储存了大量的写作素材，还有许多篇正在进行中的文章大纲、测试、构思，以及撰写到一半的

文章。每一篇文章笔记，我也会用“思考”“测试”“撰写”“学习”等标签来标注它们不同的进度。

我会使用下面这个搜索语法，并将这个搜索语法储存下来，命名为“写作优先任务”。

any:tag:! 思考 tag:! 测试 tag:! 撰写 tag:! 学习

这样所有正在思考、测试、撰写、学习的文章或笔记，都可以一次性搜索出来供我选择。其他进入流程的文章或笔记与素材就先过滤掉，不会对我构成干扰。

当我有了空闲时间，想要写一篇最想写的文章，我就会利用这个“写作优先任务”的透视，直接聚焦在我可以推进的文章上。

当进入休息情境，可以执行哪些任务？

除了研究提升工作效率的方法，我也非常重视自己休息时间的生活质量。不管是日常作息，还是与家人共处，我都非常珍惜自己真正的休息时间。

所以，我为自己的休息情境安排了不同的任务，比如陪伴孩子，和妻子的休闲娱乐，玩自己喜爱的游戏，或是想烹饪的食物，想阅读的书等。

于是我设计了下面的搜索语法，并将其储存为“休息任务”。

any:tag:! 想和孩子一起做 tag:$02 需要
tag:! 两人时间 tag:! 空闲 tag:! 练习食谱

每到我有可以利用的休息时间，打开这个“透视”，挑选一个最适合当下、最想做的任务执行。

印象笔记有强大的搜索功能，有各种各样的搜索语法。合理利用，建立属于自己的透视视野，快速筛选出当下最需要的任务笔记，让自己专注完成当下的任务。

6-6 收集箱与笔记本功能，如何应用在任务管理中？

在前面整理时，我都是利用标签对子弹任务系统中的项目和情境进行分类。

那印象笔记中的“笔记本”分类有什么作用呢？根据我个人经验，笔记本最好的用法不是分类，而是管理。

分类和管理有所不同，“分类”是我们为任务与资料找一个存放位置，方便以后找到。“管理”是我们建立一个让工作更顺畅的流程，一个高效率的作业情境。

在这篇文章中，我将向大家展示我目前完整的印象笔记笔记本管理架构。我只用了八个笔记，就可以管理所有的个人笔记。其他分类笔记本，是为了与同事和家人朋友共享，不得不区分出来的（共享笔记本的基础是先分类出一个笔记本）。

下面来看看我完整的笔记本架构。

首先我把笔记本归类为三大堆栈。

- 现在行动：正在执行中与准备执行的任务笔记。
- 准备未来：数据库，未来会用到的参考知识。
- 封存过去：已经执行完成的任务笔记。

然后我个人主要的笔记本只有八个，依序排在三大堆栈中。

00 收集箱：初步收集的新任务，还没决定放到哪个流程中，或是想稍后阅读的资料，都先放入收集箱中，还有我的“每月子弹笔记任务清单”也放入收集箱。

01 工作任务：所有执行中与准备执行的工作任务笔记，例如某几本新书项目的所有任务，办公室行政流程上的任务，准备公司开会的笔记等。

02 生活任务：所有执行中与准备执行的生活任务笔记，例如冲泡咖啡的研究资料、旅行计划、运动健身计划、想吃的餐厅、想去的景点等。

03 博客任务：所有执行中与准备执行的博客任务，所有待写的文章主题，所有讲座课程的规划。

04 第二大脑：所有工作或生活中的参考资料都放在这里，包含某本书需要的参考资料（而非任务），灵感与心情记录笔记，读书与电影心得，在博客完成的文章草稿大纲也放在这里。也就是所有跟未来刺激灵感和联结知识有关的资料都放入第二大脑。

05 重要的放弃：放入所有必须停止或失败的重要项目笔记。

06 工作封存：所有在“01 工作任务”完成的笔记移到这里。

07 生活封存：所有在“02 生活任务”完成的笔记移到这里。

图中其他的笔记本，都是我和他人合作共享的笔记本，例如一起进行某本新书项目，一起规划旅行等。印象笔记非常便于小团队合作任务与资料共享。为了共享合作，只好分类出一个笔记本。

我的笔记本就是上面八个，用最少的笔记本就能完成高效的管理。

同样用行动情境来设计笔记本

我们先转变观念，印象笔记是很好的项目管理与人生管理工具，所以不要执着于“分类”，我一直追求的不是所谓的最佳分类法，而是“最佳管理法”。

东西有没有整齐地放在位置上不重要，资料有没有严谨地分类不重要。重要的是整理有没有办法引导我去行动，指引我朝着工作与生活的目标前进，建立未来顺畅行动的流程。

我是如何思考出建立上述八个笔记本的呢？其实就是根据我的工作与人生的行动情境来建立的。

我的情境无非就是在公司上班，照顾家庭生活，推动个人梦想（博客）。既然如此，其实我只需要三种笔记本：工作、生活与博客。当我到公司时，只要打开“工作任务”笔记本就知道要完成的工作。当我回到家里或周末时，打开“生活任务”笔记本，就能专心完成家庭任务。当我每天早起后，打开“博客任务”写一篇文章或准备讲座，这样是不是更利于专注呢？

我把任务分为未完成和已经完成两类，所以当“工作任务”里的任务完成后，我就把笔记移动到“工作封存”笔记本中，于是有了封存笔记本。

关于“第二大脑”与“重要的放弃”，是我收集的很多参考资料，日常涌现的想法与心得，需要一个“第二大脑”帮忙储存，有助于激发灵感。

“重要的放弃”是人生中一定有些现在无法完成的事情，那就先放到未来，等有一天准备好了再去完成。

行动情境最精确，相当于待办清单，也是项目管理流程

你可能会产生疑问，难道不用根据每个项目来分类笔记本吗？全部混在“工作任务”中好吗？当然不用，因为我们已经利用“标签”对项目做好了分类，而标签更适合用来分类弹性的项目。

而以“行动情境”区分笔记本，其实也是最精确的区分，很容易把任务、项目笔记放入正确的笔记本中。我每天无非就是工作、生活与博客三大情境。所以，只要知道我在某个地方或时段，该做什么事情就好。例如到公司，只要打开“工作任务”笔记本，就知道要完成的工作。

这样绝对不会出现不知道笔记应该放到哪个笔记本的情况，因为我们自己可以做决定，“我要在哪种情境完成这则笔记任务？”

任务在公司完成、在书房的书桌上完成，还是作为未来的参考资料？确定后就放入相应的情境笔记本中。

情境笔记本相当于我们的“锦囊”，进入工作情境时打开这个锦囊，里面就是准备执行的“待办清单”，只要专注完成它们即可。

第七章

选择每周每日的子弹行动清单

7-1 如何一次性列出每周的子弹行动清单？

在前六章中，我们优化了时间管理系统，这个系统已经可以帮助我们在每一个情境，都能快速聚焦在最佳行动上。

利用这个系统，我们能知道当下有哪些应该专注的项目，并且知道在这个项目排程中接下来要执行的任务。然后，找到这个任务中当下立即可以采取的行动。

这些时间管理系统中最重要的事情，已经在前六章建立的系统中实现了。

列出每周行动清单带来的好处

建议大家提前列出每周的子弹行动清单，把它们单独列成一则笔记，当作最核心的项目指导原则。

例如，在周日晚上，列出下周七天的每日行动清单。这样自己进入工作日时，有一个可依循的程序，让自己快速专注在某些重要行动的任务、项目上。

一份有效的每周子弹行动清单，可以带来几个好处：

- 帮助大脑减少无关紧要的决策，更有效地清空大脑，给大脑减压。
- 提前知道下一周会有哪些空当，哪些时间已经被占用，可以提前做一些调配。
- 提前计划让我们有充裕的时间思考，更好地判断项目的重要性，确认任务与任务之间的关联。

在充裕的时间里做出最好的选择，而不是等到火烧眉毛时，再做出有可能失误的选择。

拥有系统，就可以更简单、更准确地决定每周的子弹行动清单。

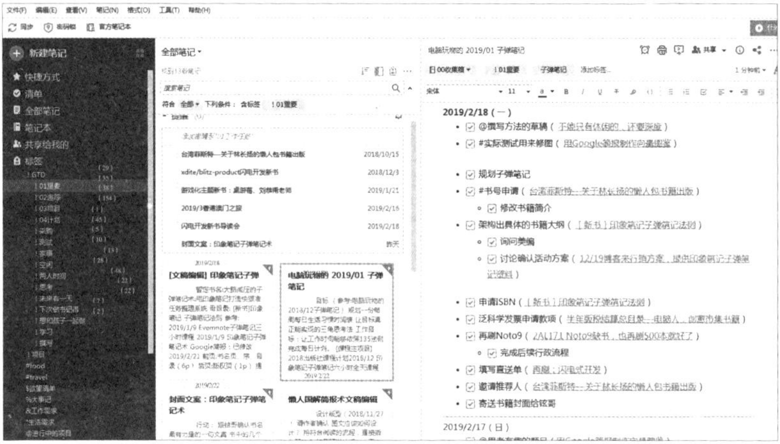

列出每周的子弹笔记清单其实并不难，因为在前六章我们已经建构出一套完整自动化的时间管理系统。这套系统可以帮助我们快速有效地选择出下一周的子弹笔记行动清单。

这样设计出来的行动清单，它的完成率比一般的待办清单更高！

每周日晚上，我将花30~60分钟时间，根据下面的步骤，就可以相对准确地排出下周的每日行动清单。

打开印象笔记的子弹任务管理系统，然后依序进行操作。

先看时间提醒：有没有下周特定时间要开始的任务？

看“重要”标签：哪些项目需要推进进度？

看“收集箱”：有没有这周收集，还没排程处理的任务？

根据已经排出来的子弹行动清单，看看有没有可以安排的特殊情境任务：空闲、两人时间、思考、测试、撰写、采买、家事等。

看“计划”标签：有没有可以推进的下一步行动？

看“追踪”标签：有没有需要回顾的任务？

是的，就是这么简单，只要从每个步骤中挑出需要执行的行动，排入下周的每日行动清单中，就是一个更有效、不怕遗漏的行动清单。

7-2 每日行动清单的“123 原则”

我在安排每日行动清单时，还有一个挑选的技巧，我称它为“123 原则”，它会帮我决定每天如何调配不同项目的数量和权重。

为什么是“123 原则”呢？而不是单纯的每日时间表排程？因为只有排程的任务，这样的行动清单是最无趣的。

我原本是一个爱拖延、习惯恐惧担心、不积极的人，所以常常感觉做什么都缺乏动力。这种情绪时常伴随着我，很少因为获得某种成就而完全消失，这种消极情绪总是一而再，再而三地出现。

这似乎跟时间管理背道而驰，但正因为如此，我非常理解无法管理时间是什么样的感受。

我尝试通过列每周每日行动清单的“123 原则”，来改善处于这种状态下的自己。

123 的时间调配节奏

这个方法很简单，通过掌控三种时间节奏，就能帮助我做出相对有效的时间管理。这个方法的目的在于，可以帮助我更轻松地开展行动，产生行动的动力，进而获得行动后的成就感。

什么是“123 每日行动清单原则”呢？

- 每天预先设定一个专属于自我实现的重要目标。
- 每天设定两个项目的推进进度。

- 在每天早、午、晚三个时段，完成主要任务后还剩下多少时间处理琐事。

我会在一周前，先列好下周的每日 123 行动清单。

下面我来说明这样做的意义、价值，以及我的思考逻辑与真实经验。

一、每天预先设定一个专属于自我实现的重要目标

人生中有些事情没有人逼你，也没有时间限制，但你必须推进。这是让人找到成就感、感受到快乐的最佳方法。

对我来说，可能是写完一篇博客文章，或是和妻子一起看完一部电影，或是读几本童书陪伴孩子入睡。

我会事先主动地为自己挑选出具体的事情，安排好一周内每天要实现的个人目标：让自己每天都有收获成就感的行动，这是最好的动力生产机制。

接着，我会利用空闲时间推进每天选择好的个人目标，帮助自己好好把握住那些突然出现的空闲时间。

其实空闲时间常常出现，只是我们当下不知道应该做什么，但时间不等人。所以我们要反其道行之，先为自己设定好空闲时间可以专注的事情，就能有效地利用零碎时间。

如果自己没有动力工作，不想做所谓的正事，那么不如把时间投入在自己想做的重要目标上吧！与其因逃避时间、打发时间懊悔不已，不如去做人生中重要的事，获得更大的成就感。

这样的动力，能够激励我们完成那些工作和生活中的困难事情。

二、每天设定两个项目的推进进度

多个项目常常齐头并行，事情常常杂乱无序，如果一股脑地投入进去，那么就像进入迷宫一样，只会感到焦虑、烦恼，也会有更多的压力。这时，不如把所有要做的事情挑出来，也把自己仅有的时间挑出来，具体看看有哪些真正可以排进来完成的事情。

我发现事情总是做不完，无法排入不多的时间中。这样也不完全是坏事，因为可以：

- 督促我把非完成不可的事情排入日程。
- 提醒我如何提前开始某些行动。
- 鼓励我勇敢地舍弃一些行动，专注在最重要的行动上。

你也不必对着时间表去安排自己的生活，那样反而不容易做到，又会浪费许多时间。

我的方法相对简单，我是这样设想的：一天中人通常有两个精力最旺盛的时间段。在早上和下午最有精力的时间段，推进那些有难度的项目进度，明确自己每天最有生产力的时间段，要展开什么具体行动。

这样每天推进两个项目的重要进度，或某个项目的两个重要进度，其实就已经很多了。

预先排好下周的每日行动清单，这样做的好处是：如果我知道周五要完成 A 项目的某个进度，那么我就知道周一到周四，每天要推进 A 项目的哪些行动，最后才能完成 A 项目的进度。

只有设定好自己想要推进的项目进度，才能知道需要多少时间才能完成这个项目。

避免脱离现实的设想，明确自己何时提前开始，也要知道自己必须再争取多少时间，以及明确自己要先放弃哪些多余的行动。

三、每天早午晚还剩余多少时间处理琐事

当自我实现、项目进度都已经安排好，我们就可以知道要为自己留下多少时间处理这些事情。

同时也会发现自己每天空闲的时间并不多，所以我们必须减少琐事，减少无关事情的干扰。

但我们仍然可以安排一些琐事，或是简单行动，一天早

午晚三个时段也需要一些简单的琐事来调剂。不要太多，三件就够了，最好更少，因为每天有很多意外、临时状况发生，使我们要处理的琐事变多。

所以有时不如留白，留给自己处理意外琐事的弹性时间。

这样的行动清单，不是理想化地思考事情的重要性，把一堆事情压在自己身上，而是真正具体的、可实现的清单，同时也是感性的、自我理解的，为自己设计出可以找到成就感、按部就班、找回动力的行动清单。

第八章

这是一个帮助自己越来越有效率的成长系统

8-1 子弹日记，串联计划、执行与反省的循环流程

我不喜欢一般的待办清单类工具，因为这类工具背后没有支援系统，列出来的不是真正有效的行动清单。

还有一个最重要的原因，那就是行动完成后项目就被会划掉！也许你会说，这样不是很有成就感吗？前面我们讨论过，如果一个行动做完后它就结束了，意味着这个行动不重要，或是无法延伸出更多的价值。

时间管理系统是专注于创造价值的系统，而不是把清单划完就好。

所以，当行动、任务、项目完成后，我们需要思考：经过了这次系统的流程，是否能帮助自己下一次成长呢？

经过这样的思考，我演化出一套依附在每周的子弹行动清单前的日记系统，我称它为“子弹日记”。

怎样写出有效的日记？

第一个方法是“根据目标来写日记”，写下为今天的目标做了什么行动。即使行动再小，也让自己朝着目标的方向努力前进。

第二个方法是“建立闭环”，根据目标写下日记，根据日记修正明天的计划、未来的目标，然后写下执行目标后的日记。这样就形成一个闭环，表示自己在行动过程中专注在一致且没有漏洞的道路上。

我决定把这两个方法也实践在子弹行动清单上。

每日检视，把行动改写成日记

我原本就有“每日子弹行动清单”。这些行动清单背后都关联着近期最重要的几个目标，例如关于学习的方法、在玩的游戏、养成的习惯、在执行的工作项目等。

既然如此，若要根据目标来写日记，何不在每天完成行动后，直接把行动改写成日记呢?

因为我规划的每日子弹行动，本身就是以目标为依据。完成这个行动本身，其实就是日记的一部分，我只要把执行过程的心得与反省补充进来即可。

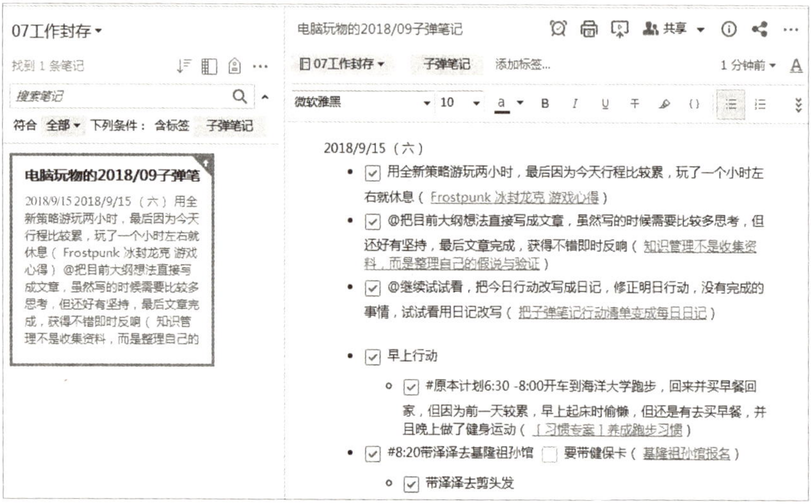

例如左下图中，我原本有个行动是“用全新策略玩两小时游戏”，做完这个行动，除了勾选完成外，我只要“在这句话之后”，直接补上两句心得，这就是一则很完整的日记。

每天晚上（或第二天早上），我会把一天完成的事情打钩，并且在行动后面补上执行心得，作为一个总结。

当我回顾时，这些累积下来的行动清单变得更加生动，也更容易回忆起当时真实的执行状况，并且也能帮助自己进一步思考如何改进的行动。

从日记出发，修正明日的行动

在行动后面加上几句执行后的心得，虽然花费的时间很少，但是经过这样的思考后，会更加明确自己接下来应该采取的行动。

这样的日记，不再只是行动的“结尾”，而是接下来行动最好的“开始”。

我每天晚上把子弹行动清单改写成日记后，还会把写日记时产生的新想法，安排到明天或未来的行动清单上。

我每周安排下周的子弹行动清单时，也可以直接回顾上一周所有的“行动 + 日记”，这样可以帮助我更明确下一周要推进什么，并且更快完成下周行动的安排。

执行时随时修正，工作日志的概念

既然每天的行动清单，都可以改写成日记，那么这份清单也是随时都能动态修改的。

我们做了计划后，内心有时抗拒修改，但如果外在环境、心情都是变动的，那计划为何不能修改呢？

反正最后都要改写成日记，那么在执行的当下，可以根据情况做各种修改，更好地执行行动，让自己更有效地做事。

执行了几个月后，我发现这不仅是一个强大的行动清单，也是一份强大的日记，“计划与日记二合一”为我带来了不少帮助。

- 无论写日记、做计划都更加节省时间，因为各自帮对方做好了一半工作。
- 更容易做到每天检视，在每天预先安排的计划上，就能检查自己的执行结果。
- 更容易执行明天的计划，因为在每天完成的日记上，就能修正明天的行动。
- 让自己的行动保持连贯，这一点非常重要，表示我的每个行动从日记到计划，从计划到日记，都保持前后一致的方向。

如果你在做子弹行动清单，你也可以试试看，不用另外写一本日记，只要把你的子弹笔记每天改写成日记即可。

8-2 子弹时间管理的演化哲学

现在，一套建构在印象笔记上的子弹笔记方法以及背后的时间管理系统，已经向大家介绍完毕。

我非常期待你也能尝试这样的时间管理方法，说不定还可以应用在其他管理工具上，期待收到你实践后的反馈。

（欢迎您通过电子邮件与我交流。邮箱：esorhjy@gmail.com。）

最后，我总结一下这套子弹笔记的方法。这套方法是下面五个步骤的逐步演化：

- 行动演化出任务。
- 任务演化成任务子弹。

- 任务子弹演化成项目武器。
- 项目武器演化出战略情境。
- 战略情境演化出攻击指令。

大多数人的时间管理，容易迷失在杂乱无章的行动中，找不到有效的目标，那么所有的攻击都是没有力度的。

所以，行动不是最好的子弹。我们必须把行动关联起来，找到它背后真正要攻击的目标，也就是一个个任务要达到的成果，打造出一个有目标、有拆解的任务，事实上任务才是一颗颗有效且具有杀伤力的子弹。

子弹必须搭配优良的武器，才能发挥最大的攻击力。项目就是我们真正的武器，把任务关联到项目，就相当于把子弹上膛。这时，我们就不是徒手丢子弹，而是利用项目这个武器，集中火力，发挥最大的攻击效果。

如果是乱枪打鸟的话，我们无法真正攻下要塞。所以，我们必须思考战略。所谓的战略，就是指排程、提醒、目标重要性的选择、攻击情境的挑选等。如果把这些条件思考进来，拟出一份全面的战略，那么我们就可以真正“出兵打仗”。

为了适应瞬息万变、没有时间犹豫的“战场”，我们可以拟出一个每周子弹行动的攻击清单，它就是指导我们执行优先行动的攻击指令，帮助我们在每一天的行动中，快速做出有效的决策与攻击。

将这套系统演练熟练，我们就能成为最佳的时间管理攻击手！

事实上这套系统没有那么困难，也不花费时间，它还是一个相对更简单的管理方式，轻松无压的选择系统，相对更准确的行动流程，以及可以创造价值、带来成就感的人生哲学。

希望通过这套时间管理系统，帮助大家真正开始做出有效的改变。